ROSI McNAB

Heinemann

Heinemann Educational Publishers
Halley Court, Jordan Hill, Oxford OX2 8EJ
A Division of Reed Educational & Professional Publishing Ltd

OXFORD MELBOURNE AUCKLAND
JOHANNESBURG BLANTYRE GABORONE
IBADAN PORTSMOUTH (NH) USA CHICAGO

First published 1996

00 99 98
10 9 8 7 6 5 4

A catalogue record is available for this book from the British Library on request.

ISBN 0 435 38702 2

Produced by Ken Vail Graphic Design

Illustrations by Mike Badrocke, Jane Couldrey, Nick Duffy, Richard Duszczak, Hazel Hare, Debbie Hinks, Tim Kahane, Pauline Little, Geo Parkin, Sylvie Poggio Illustration (Lisa Smith), Tony Randell, Martin Sanders, Rodney Sutton, Ken Vail Graphic Design (Andrew Sharpe).

Cover photo by Image Bank

Reproduced by Monarch Lithogravure Ltd Bristol

Printed and bound in Spain by Mateu Cromo

Acknowledgements

The author would like to thank Linda Atkinson, Joy Avery, Uschi Buß, Britta Lesny, Karl Franz, Heinrich Payr; Matthias Kontny of Wyrwas Tonstudio in Braunschweig, Matthias Stanze and the students of the Martino-Katharineum in Braunsweig; and especially the editors, Naomi Laredo and Katie Lewis, for their help in writing this course.

The author and publishers would like to thank the following for permission to reproduce copyright material:
© 1996 KFS/Dist. Bulls p.8 Hägar der Schreckliche Schicksalschläge; Universal Press Syndicate p.22 Calvin and Hobbes cartoon; Esprit pp.36–7; Lufthansa p.44 boarding card; S. Fischer Verlag GmbH p.50, p.56, pp.106–7 extracts from Anne Frank Tagebuch; Centrale Marketing-Gesellschaft der deutschen Agrarwirtschaft mbH pp.78–9, p.85 recipes; Kaufhof Warenhaus AG p.98 store guide; Hotel am Park, Mönchen-Gladbach pp.134–5

Every effort has been made to contact copyright holders of material in this book. Any omissions will be rectified in subsequent printings if notice is given to the publishers.

Photographs were provided by: Action Plus pp.64–65 (All photos); J. Allen Cash p.29 (top left and right), p.42 (Römer), p.56 (Drehregal), p.67 (Englischekarten); Robert Harding Picture Library p.28 (right), p.42 (Flughafen, Messe), p.58–59, p.68 (All photos), p.83; Hulton Deutsch p.50, p.106 (Anne Frank), p.56 (Statue); Hutchison p.42 (Bahnhof), p.67 (Olympiapark); Impact/Piers Cavendish p.51, p.123 (Fire); Kobal pp.120–121 (All photos); Mainbild p.70; Topham Picturepoint p.50 (Diary), p.67 (Frauenkirche), p.72, p.123 (Flood); Zefa p.28 (left), p.29 (bottom right)

Remaining photos are by Chris Ridgers and Rosi McNab

Inhalt

(letters refer to Areas of Experience)*

Berufe und Berufswünsche

A Was sind sie von Beruf?

Automechaniker
Bäcker
Bauarbeiter
Friseurin
Graphikerin
Heizungsinstallateur
Kaufmann
Koch
Krankenpfleger
Landwirt
Sekretärin
Verkäuferin

Maskulinum	**Femininum**
Apotheker	Apotheker**in**
Koch	K**ö**ch**in**
Lehrer	Lehrer**in**
Polizist	Polizist**in**
Verkäufer	Verkäufer**in**
Postbeamt**er**	Postbeamt**in**
Bankangestellt**er**	Bankangestellte
Kauf**mann**	Kauf**frau**

1a

1a Zu zweit. Welche Berufe sind das?

z.B. A: Nummer eins? B: Bäcker. Nummer zwei?

A: Wie spricht man das aus? B: Hei-zungs-in-stal-la-teur.

1b Zu zweit. Diese Mütter haben denselben Beruf wie ihre Männer. Was sind sie?
Kennt ihr ein Wort nicht? Schaut mal im Wörterbuch nach!

z.B. Svens Vater ist Postbeamter, und seine Mutter ist Postbeamtin.

Jans Vater ist Lehrer, und seine Mutter ist …
Petras Vater ist Apotheker, und ihre Mutter ist …
Ankes Vater ist Kaufmann, und ihre Mutter ist …
Franks Vater arbeitet bei der Polizei, und seine Mutter ist …
Knuts Vater arbeitet in einer Bank, und seine Mutter ist …
Sonjas Vater ist Koch, aber ihre Mutter ist … und sucht gerade eine neue Stelle.

1c Hör zu! Habt ihr das richtig gemacht?

Mein Vater ist Heizungsingenieur/Briefträger/Fabrikarbeiter.
Meine Mutter ist Hausfrau.
Sie arbeitet halbtags als Kinderpflegerin.
Er/Sie ist arbeitslos.
Er/Sie arbeitet selbständig, als Graphiker(in).

1b

1d Zu zweit. Findet noch drei Berufe.

z.B. A: „Radiographer"? Wie heißt das auf deutsch?
B: Schau mal im Wörterbuch nach.
A: Ich kann es nicht finden.
B: Laß mal sehen! Hier... Röntgenassistent(in).

1e Hör zu! Was sind ihre Eltern von Beruf? (1–8)

z.B. 1 Post Sek

Ich verstehe es nicht.
Das ist zu schnell.
Wie bitte?
Wie heißt ... auf englisch?
Noch mal bitte!
Wie schreibt man das?

1c

1f Zu zweit. Was sind eure Eltern von Beruf?
Stellt die Fragen: Was ist dein Vater/deine Mutter von Beruf?
und schreibt die Antworten auf.

z.B. Mein Vater ist ... , und sein/ihr Vater ist ...
Meine Mutter ist ... , und seine/ihre Mutter ist ...

1d

2a Zu zweit. Wie finden sie die Arbeit? ☺, 😐 oder ☹?
Kennt ihr ein Wort nicht? Schaut mal im Wortschatz nach!

a langweilig
b es geht
c interessant
d furchtbar
e es macht Spaß
f kreativ
g stressig

1e

2b Hör zu! Was sind sie von Beruf?
Wie finden sie ihre Arbeit? (1–6)

z.B. 1 Foto 😐 (a,b)

Er/Sie findet die Arbeit ...		
☺ sehr gut	😐 in Ordnung	☹ nicht gut

1 Frau Grünwald

2 Frau Müller

3 Frau Schwarz

4 Herr Reindl

5 Herr Sorger

6 Herr Hartisch

Elektriker
Fotolaborantin
Köchin
Maurer
Modedesignerin
Polizist

2c Zu zweit. Macht eine Liste von acht Berufen.
Wie findet ihr die Berufe?

z.B. Modedesigner – interessant/macht Spaß

3a Zu zweit. Wer arbeitet in einer Bank? usw.

z.B. Die Bankangestellte arbeitet in einer Bank.

3b Hör zu! Wo arbeiten sie? (1–6)

3c Zu zweit. Überlegt euch noch vier Beispiele:

z.B. Der Bäcker arbeitet in einer Bäckerei.
Der Schauspieler arbeitet in einem Theater.
Der Verkäufer arbeitet in einem Laden.

die Bäckerei – in eine**r** …
das Theater – in eine**m** …
der Laden – in eine**m** …

3d Hör zu! Wo arbeiten ihre Eltern? (1–6)

z.B. in einer Bank 1

3e Zu zweit. Wo arbeiten eure Eltern? Stellt euch gegenseitig die Fragen:
Wo arbeitet dein Vater/deine Mutter?

z.B. Mein Vater/Meine Mutter arbeitet … .
Er/Sie arbeitet zu Hause. Er/Sie ist Hausmann/Hausfrau.

Klasse 9b	Vater		Mutter	
Büro	/////	/	//	
Geschäft	///		////	
Friseursalon	/		//	
Baustelle	////			
Werkstatt	///		/	
Gärtnerei			//	
Schule	/		//	
anderes	////		/////	/
arbeitslos	///		/////	/

4a Wo arbeiten unsere Eltern?
Sieh das Schaubild an und schreib einen Bericht:

... Väter/... Mütter arbeiten ... .
Ein Vater/Eine Mutter arbeitet ... .

2d

4b Hör zu! Wie finden sie die Arbeit? Schreib einen Bericht.

Acht Personen finden | die Arbeit ...
Eine Person findet

gut	in Ordnung	nicht gut

2e

4c Mach eine Umfrage in deiner Klasse, zeichne ein Schaubild und schreib einen Bericht. Nimm den Bericht auf Kassette auf.

sein = *to be*

ich bin = *I am*	wir sind = *we are*
du bist = *you are*	ihr seid = *you are*
er ist = *he is*	sie sind = *they are*
sie ist = *she is*	Sie sind = *you are*
es ist = *it is*	

Futur: ich werde ... sein = *I will be*
Perfekt: ich bin ... gewesen = *I was*
Präteritum: ich war = *I was*
Fragen: Bist du ... ? Sind Sie ... ? = *Are you ... ?*

Rollenspiel

Hägar der Schreckliche: Schicksalsschläge

das Vorbild = *example* damenhaft = *ladylike*
außerdem = *besides* Hör auf! = *Stop!* Nimm! = *Take!*
Ich sagte nur = *I only said* die Ehefrau = *wife*

A Wo arbeiten sie?

Ursula Müller

a in einem privaten Krankenhaus
b in einer Pizzeria
c auf einer Baustelle
d bei einer Firma
e in einer Werkstatt
f in einem Tierheim
g in einem Hotel
h in einer Zahnarztpraxis

B Finde eine neue Stelle für sie!

Maurer u. Zimmermann gesucht. Gerüstbau Ostholt. Telefon 0 12 34 56

Küchenhilfe gesucht. Späteres Anlernen zum Pizzabäcker möglich. Minipizza Venezia Tel: 9 32 46 11–15 Uhr u. 17–23 Uhr

Krankenschwester sofort gesucht. Alter bis 30 Jahren. Privates Alten- und Pflegeheim Tel: 7 39 48 49

Junge *dynamische Sekretärin per sofort gesucht. Firma Peters Tel: 8 97 85 20*

Nettes Mädchen gesucht als Tierheimassistentin, Teilzeit. Mo-Do vormittags u. abends. Tel: 2 35 47 95

Qualifizierter Autoschlosser gesucht. GmbH Schnellfahrt Tel: 8 47 63 25

Zahnarzthelferin für Praxis in der Innenstadt gesucht. Bewerbungen unter: 31 Z 49058

Wir suchen eine kontaktfreudige junge Dame als Empfangsdame in unserem freundlichen Hotel. Sie soll sich bei Hotel Stern, Lindenstraße melden.

Der Mann kommt ins Arbeitsamt und sagt:
„Ich bin schon viermal zur Baustelle gegangen, aber komme nie rein."
„Warum?"
„Da steht ein großes Schild: Betreten der Baustelle verboten."

B Was für eine Person bist du?

3a **1a** Zu zweit. Eigenschaften: Findet Gegensatzpaare: z.B. fleißig – faul

Kennst du ein Wort nicht …?

ernst fleißig
freundlich guter Laune langweilig
laut lieb nervös sportlich stark
unordentlich

faul gemein
interessant lustig ordentlich
ruhig schlechter Laune schwach
selbstbewußt unfreundlich
unsportlich

3b **1b** Was meinst du? Finde zwei Eigenschaften für vier Personen:

i. Ich bin … und …
ii. Mein Partner/Meine Partnerin ist … und …
iii. (Martin) ist … und …
iv. Unser Lehrer/Unsere Lehrerin ist … und …

1c Zu zweit. Falsch oder richtig? Vergleicht eure Antworten.

A: Ich bin lieb, lustig und fleißig.
B: Falsch! Du bist gemein, langweilig und faul!
A: Herr Müller ist sehr fair und immer guter Laune!
B: Richtig!

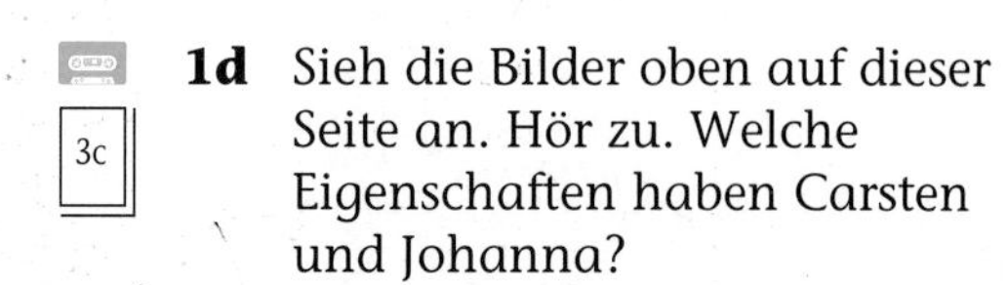

3c **1d** Sieh die Bilder oben auf dieser Seite an. Hör zu. Welche Eigenschaften haben Carsten und Johanna?

z.B. Carsten: a, …

2a i. Was machst du gern, und was machst du nicht so gern? Mach eine Liste:

Mit den Händen:

malen

basteln

kochen

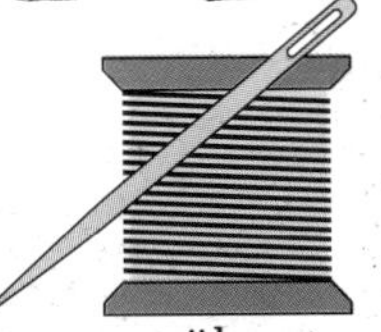
nähen

Ich male/bastle/koche/nähe gern. Frage: Malst/Bastelst/Kochst/Nähst du gern?

Kulturelles:

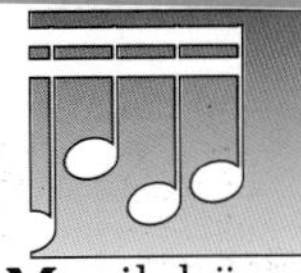
Musik hören

lesen

ins **Th**eater gehen

ins **K**ino gehen

Ich höre gern Musik/lese gern/gehe gern ins ... . Frage: Hörst/Liest/Gehst du gern (...)?

Hobbys:

Videospiele spielen

windsurfen

Sport treiben

radfahren

rumhängen

Ich spiele gern Videospiele/surfe gern/treibe gern Sport/fahre gern Rad/hänge gern rum.
Frage: Spielst/Surfst/Treibst/Fährst/Hängst du ...?

Generelles:

aktiv sein

mit **Fr**eunden zusammen sein

Spaß haben

faulenzen

Ich bin/habe/faulenze gern (...) . Frage: Bist/Hast/Faulenzt du gern (...) ?

ii. Interviewe deinen Partner bzw. deine Partnerin.
(Malst) du gern (...)?

iii. Vergleiche die Antworten.
z.B. Ich fahre gern Rad. Er fährt nicht gern Rad.

	male...		malt...
	bastle...		bastelt...
	höre...		hört...
Ich	lese...	Er/Sie	liest...
	gehe...		geht...
	treibe...		treibt...
	fahre...		fährt...
	mag...		mag...

2b Hör zu!
Was machen sie gern, und was machen sie nicht so gern? (1–4)
z.B. 1 ✔ m, ... ; ✘ l, ...

2c i. Wähl drei Aktivitäten aus, die du gern machst.
z.B. Ich höre gern Musik/fahre gern Rad/faulenze gern usw.

ii. Finde jemanden in der Klasse, der das auch gern tut.
z.B. Fährst du gern Rad?

iii. Mach eine Liste.
z.B. (John) fährt auch gern Rad.

Hast du einen Job?

3a Ordne die Texte den Bildern zu.

z.B. a 9

4a

3b Zu zweit. Was machen sie? z.B. A: Bild a?
B: Er räumt sein Zimmer auf. Bild b?

ich	arbeite; helfe; trage; wasche; verkaufe; putze; räume; mache
er/sie	arbeitet; hilft; trägt; wäscht; verkauft; putzt; räumt; macht

4a

3c Hör zu! Was machen sie? Machen sie das gern oder nicht? (1–6) ✔ – ✘

z.B. 1 e ✔

4b **4a** Zu zweit. Interviewt euch gegenseitig.

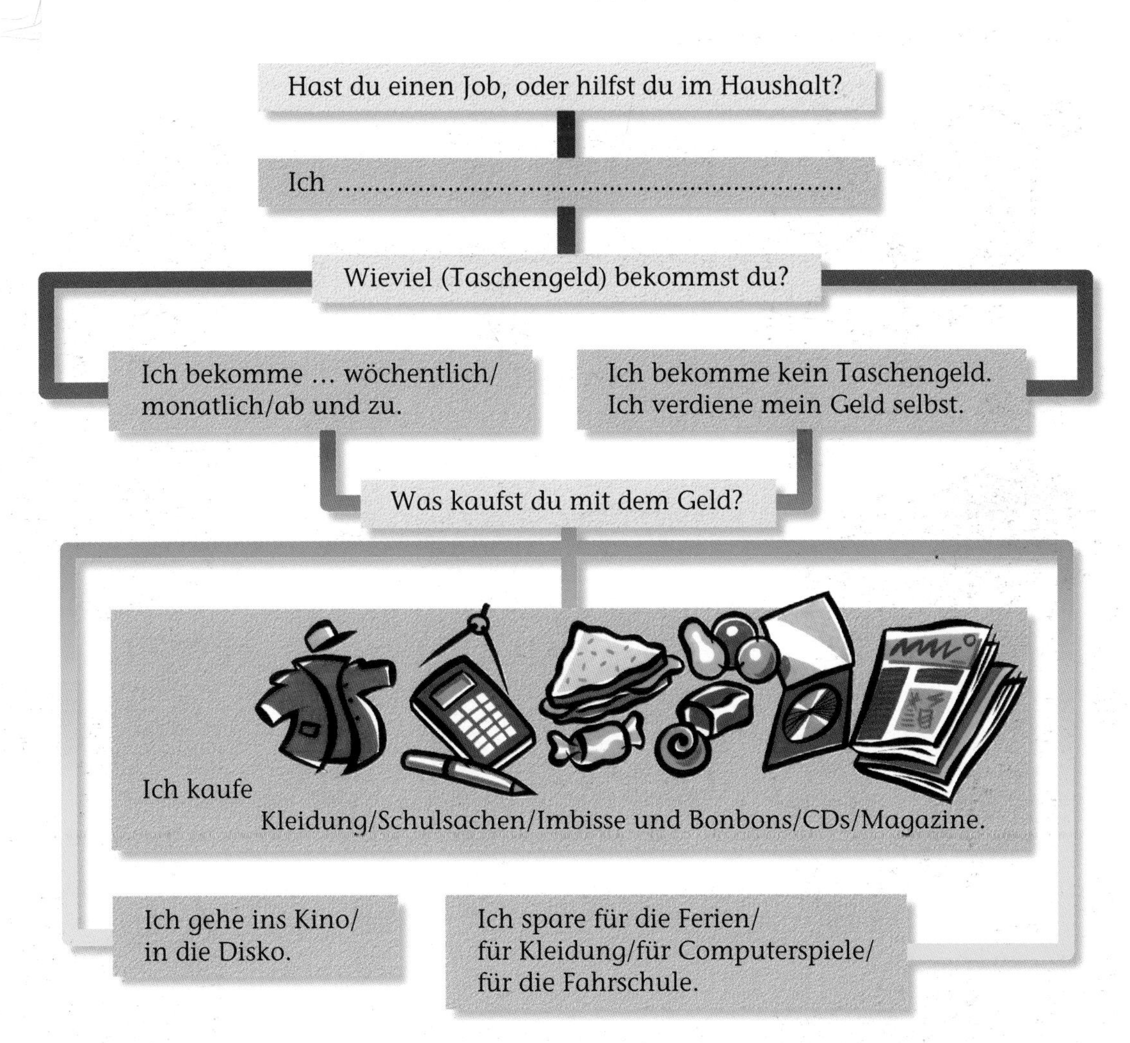

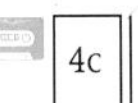 4c **4b** Hör zu! Wieviel Taschengeld bekommen sie? Wofür geben sie das Geld aus? (1–8)

ausgeben = *to spend*

z.B. 1 150 DM Computerspiele, CDs

haben = *to have*

ich habe = *I have*	wir haben = *we have*
du hast = *you have*	ihr habt = *you have*
er hat = *he has*	sie haben = *they have*
sie hat = *she has*	Sie haben = *you have*

Futur: ich werde … haben = *I will have*
Perfekt: ich habe … gehabt = *I (have) had*
Präteritum: ich hatte = *I had*

Fragen: Hast du (einen Stift)? Haben Sie (ein Buch)? = *Have you …?*

Ich habe keinen Stift, keine Turnschuhe und kein Buch! = *I haven't got a pen, trainers or a book!*

Lesefutter 1

Wer schreibt?

Ich helfe meinem Vater in seinem Geschäft. Er ist Tischler. Er macht Schränke und andere Möbel. Nach der Schule helfe ich ihm gern bei seiner Arbeit. Ich arbeite gern mit den Händen. Ich möchte später auch Tischler werden. Ich bekomme wöchentlich zwanzig Mark Taschengeld. Ich spare für ein neues Mofa.

der Tischler = *joiner*
der Schrank(¨e) = *cupboard*
Möbel = *furniture*

1

2

Meine Mutter ist Wirtin, wir haben ein Gasthaus. Ich muß die Gläser waschen und putzen. Wir haben eine Spülmaschine, und ich muß sie ein- und ausräumen, aber wenn es viele Gäste gibt, ist sie zu langsam, und dann muß ich die Gläser selbst waschen. Das mache ich nicht so gern. Ich bekomme regelmäßig 200 DM monatlich, aber ich muß dafür alles selber kaufen, auch die Kleidung!

die Wirtin = *landlady*
putzen = *to clean*
regelmäßig = *regularly*

„Du bist ein Ferkel", sagt der Vater zu seinem Sohn. „Du weißt ja, was das ist?"

„Klar, das Kind von einem Schwein!"

Mein Vater ist Geschäftsmann, aber er ist im Moment arbeitslos, also hat er nicht so viel Geld. Er sucht eine neue Stelle. Ich bekomme kein Taschengeld mehr von meinen Eltern, also habe ich mir einen Job als Zeitungsausträgerin gesucht. Ich trage Werbezeitungen zweimal in der Woche aus, um Geld zu verdienen. Ich bekomme dafür etwa 200 DM monatlich und gebe das Geld für Essen und Trinken und so weiter aus.

suchen = *to look for*
aus/tragen = *to carry out/deliver*
um ... zu = *in order to*
verdienen = *to earn*
bekommen = *to get*
dafür = *for it*
etwa = *about*

3

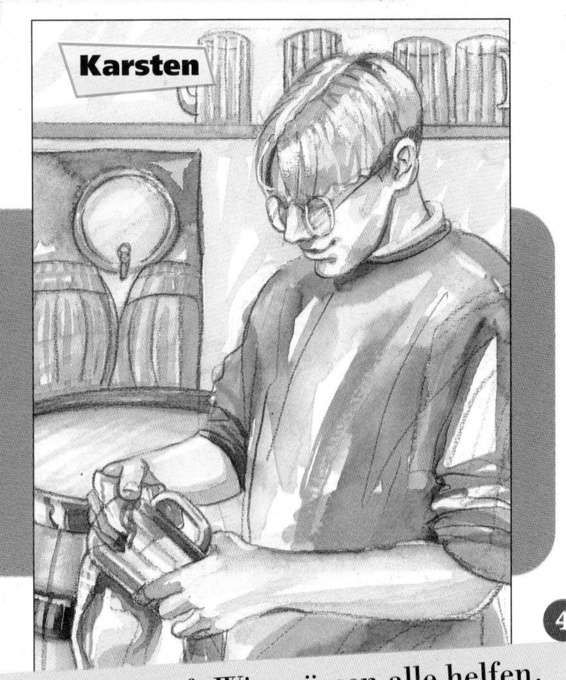

4

Ich wohne auf einem Bauernhof. Wir müssen alle helfen. Ich füttere die Hühner und sammle und putze die Eier. Mein Bruder hilft meinem Vater beim Versorgen der Kühe und fährt auch Traktor. Meine Schwester kümmert sich um die Lämmer oder hilft meiner Mutter. Meine Schwester und ich bekommen 200 DM wöchentlich, und wir müssen unsere Schulsachen und Kleidung selbst bezahlen.

füttern = *to feed (an animal)*
sammeln = *to collect*
sich kümmern um (etwas) = *to look after (something)*
bezahlen = *to pay for*

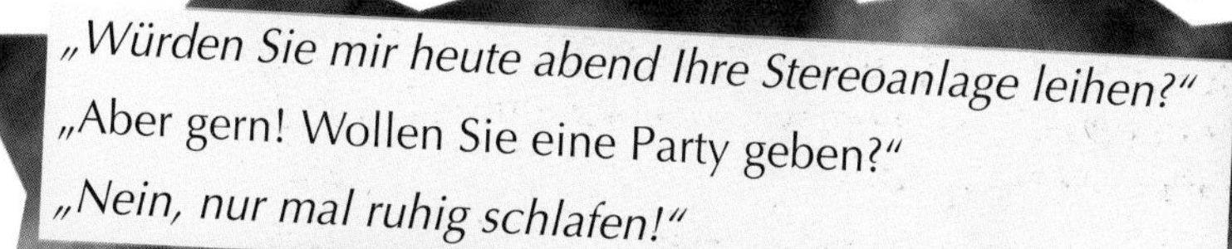

C Hast du einen Berufswunsch?

1a Zu zweit. Welches Interesse paßt zu welchem Bild?

z.B. a 10

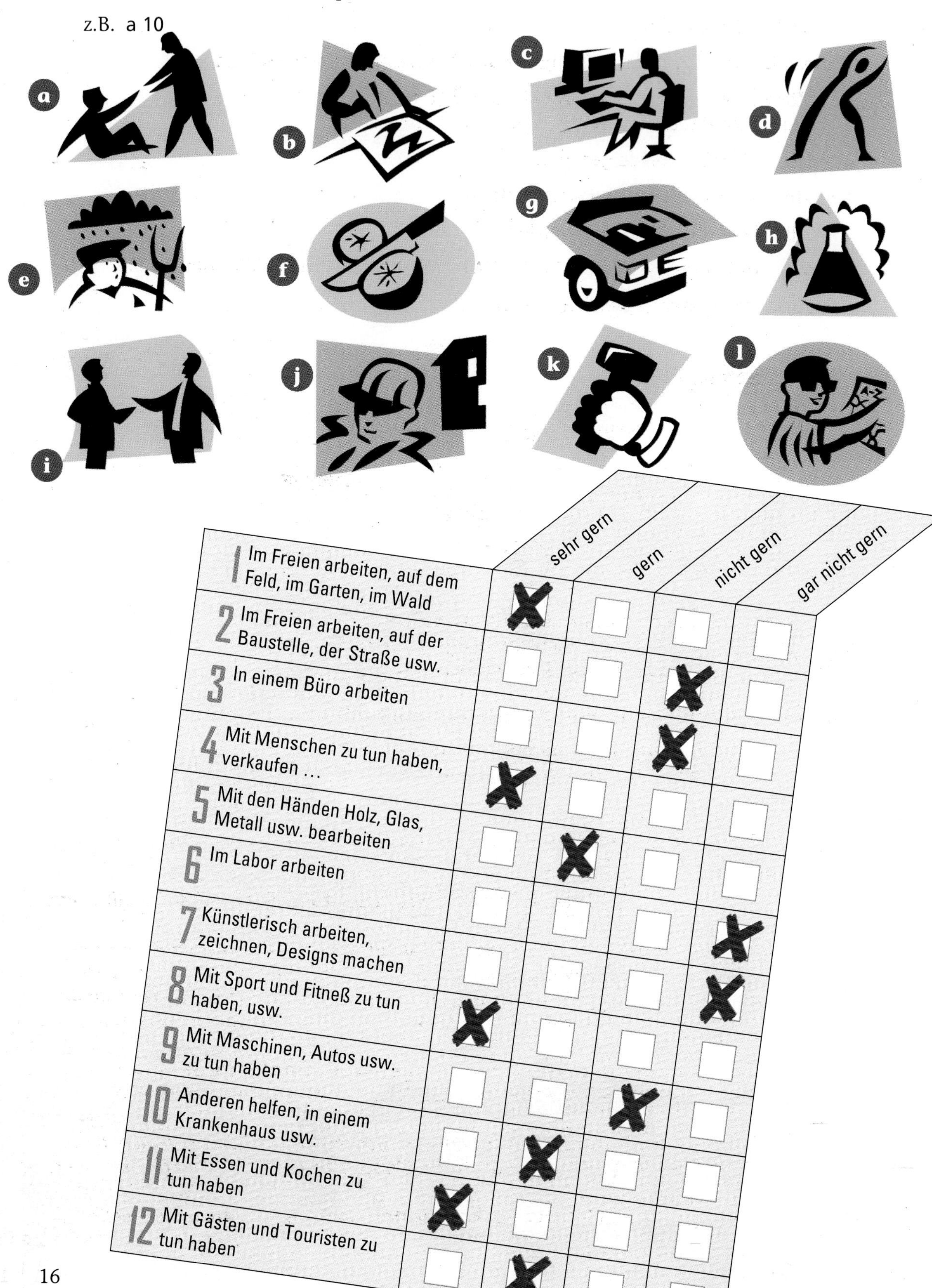

	sehr gern	gern	nicht gern	gar nicht gern
1 Im Freien arbeiten, auf dem Feld, im Garten, im Wald	X			
2 Im Freien arbeiten, auf der Baustelle, der Straße usw.			X	
3 In einem Büro arbeiten			X	
4 Mit Menschen zu tun haben, verkaufen …	X			
5 Mit den Händen Holz, Glas, Metall usw. bearbeiten		X		
6 Im Labor arbeiten				X
7 Künstlerisch arbeiten, zeichnen, Designs machen				X
8 Mit Sport und Fitneß zu tun haben, usw.	X			
9 Mit Maschinen, Autos usw. zu tun haben			X	
10 Anderen helfen, in einem Krankenhaus usw.		X		
11 Mit Essen und Kochen zu tun haben	X			
12 Mit Gästen und Touristen zu tun haben		X		

1b Finde einen Beruf für jedes Interesse:

z.B. 1 Landwirt(in)

1c Kopiere das Formular und fülle es aus. Kreuze deine Interessen an.

1d Hör zu! Was würden sie gerne machen? (1–8)
Mach Notizen und schreib sie später als Sätze auf.

z.B. 1 5 Er/Sie würde gerne ...

1e Finde für jeden einen passenden Beruf.

z.B. Sie könnte Tischlerin werden.

2a Was wollen sie später werden? Warum? Vervollständige die Sätze!

Er/Sie will später ... werden, weil ...

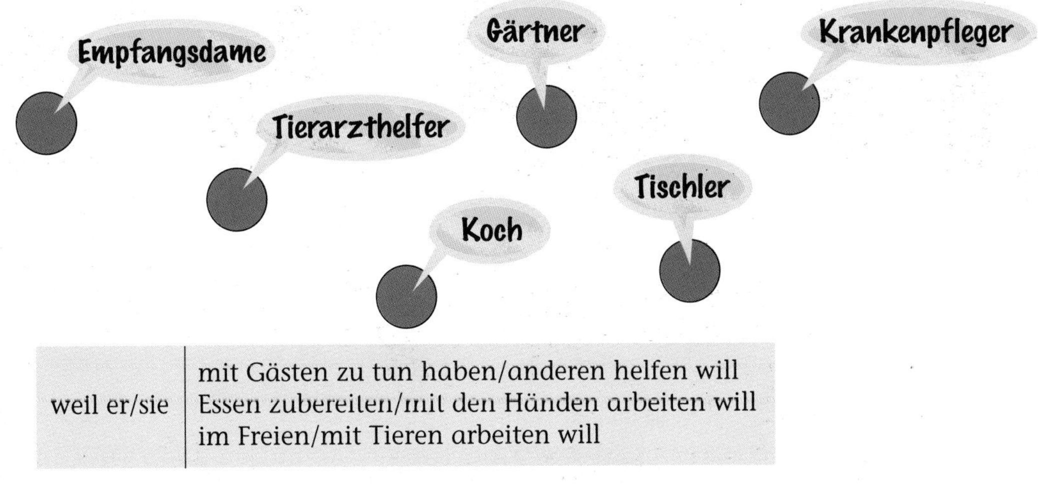

weil er/sie	mit Gästen zu tun haben/anderen helfen will Essen zubereiten/mit den Händen arbeiten will im Freien/mit Tieren arbeiten will

2b Wie sieht es bei dir aus? Was ist dein Berufswunsch?

z.B. Ich möchte später ... werden, weil ich ...
Ich weiß noch nicht, was ich werden will.

wollen – *to want to*

Wollen *is called a modal verb because it is used with another verb.*

ich will (gehen) = *I want to (go)*	wir wollen = *we want to...*
du willst = *you want to*	ihr wollt = *you want to ...*
er will = *he wants to*	sie wollen = *they want to ...*
sie will = *she wants to*	Sie wollen = *you want to ...*

Ich **will** (in die Stadt gehen). = *I* ***want*** *to (go to town).*
Ich **wollte** (Tennis spielen). = *I* ***wanted*** *to (play tennis).*

Fragen: Was willst du machen? = *What do you want to do?*
Was wollen Sie später werden? = *What do you want to be?*

Willst du mit(kommen)? = *Do you want to come (with me)?*

Schule und Oberschule

A Der Stundenplan

1a Wiederholung: Zu zweit.

5a

i. Die Zahlen. Lest die Zahlen abwechselnd vor.

a	0	10	20	30	40	50	60	70	80	90	100
b	2	4	6	8	10	12	14	16	18	20	
c	5	15	20	25	30	35	40	45	50	55	60
d	3	6	9	12	15	18	21	24	27	30	
e	15	51	25	52	35	53	55				

ii. Die Uhrzeiten. Wieviel Uhr ist es?

z.B. A: Welche Uhrzeit zeigt Uhr a?
B: Es ist fünf vor sieben oder sechs Uhr fünfundfünfzig.

Es ist	(sieben) Uhr Viertel/fünf nach/vor (sieben) halb (acht)

*Es ist sieben Uhr fünfundzwanzig *oder* fünf vor halb acht
*Es ist sieben Uhr fünfunddreißig *oder* fünf nach halb acht

iii. Welcher Tag ist es? Lest die Tage und die Monate in der richtigen Reihenfolge vor.

So Mi Mo Sa Di Fr Do

Mär Sep Jan Aug Mai Feb Jun Nov Apr Dez Jul Okt

z.B. A: Sonntag B: Montag

1b Zu zweit. Fragt euch gegenseitig: Wann gibt es (Sommer)ferien?

Vom ersten/zweiten/dritten/vierten/sechzehnten...
bis zum zwanzigsten/einundzwanzigsten/dreißigsten ...

Osterferien	Pfingsten	Sommerferien	Herbstferien	Weihnachtsferien
6.4.-25.4.	9.6.	16.7.-29.8.	19.10.-24.10.	23.12.-6.1.

2 Schule und Oberschule

5b

2a Welches Fach ist es?

z.B. a Französisch

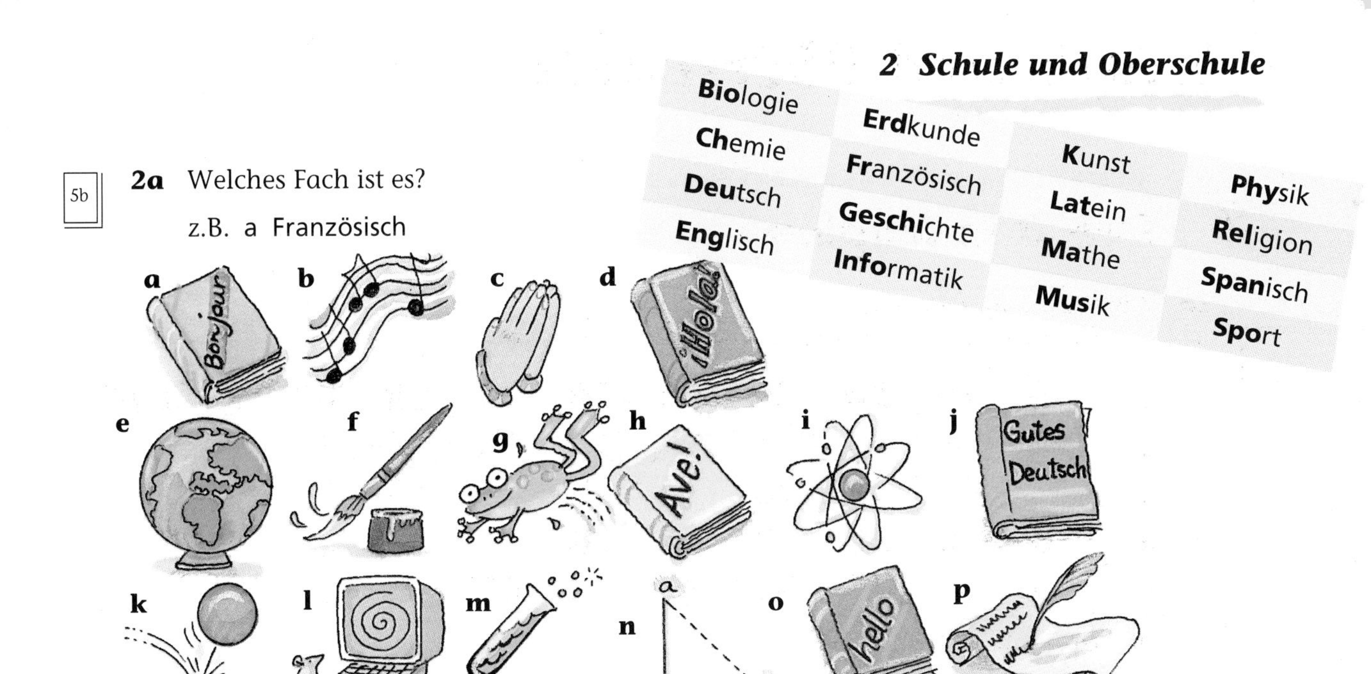

2b Rollenspiel. Interviewt euch gegenseitig.

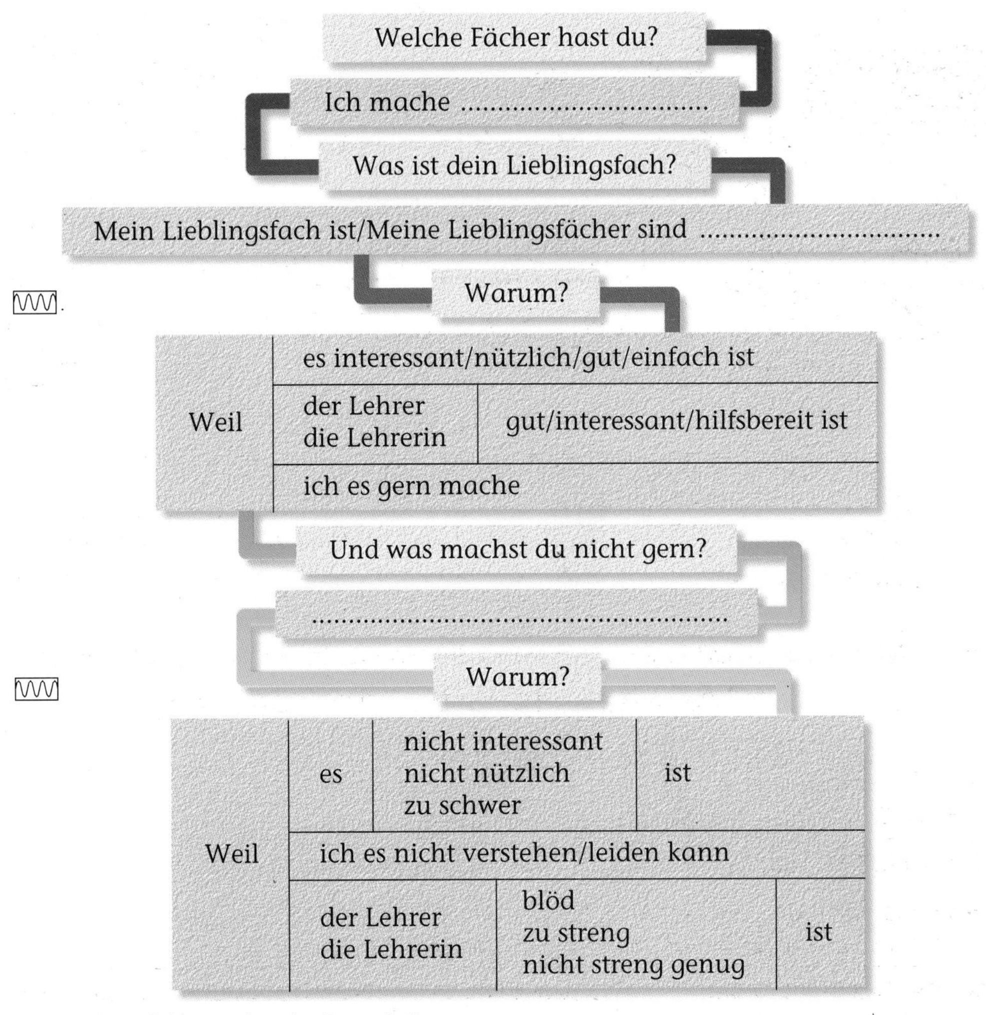

Welche Fächer hast du?

Ich mache ....

Was ist dein Lieblingsfach?

Mein Lieblingsfach ist/Meine Lieblingsfächer sind ....

Warum?

Weil	es interessant/nützlich/gut/einfach ist	
	der Lehrer die Lehrerin	gut/interessant/hilfsbereit ist
	ich es gern mache	

Und was machst du nicht gern?

....

Warum?

Weil	es	nicht interessant nicht nützlich zu schwer	ist
	ich es nicht verstehen/leiden kann		
	der Lehrer die Lehrerin	blöd zu streng nicht streng genug	ist

2c Hör zu! Welche Fächer haben sie?
Was machen sie gern, und was machen sie nicht gern? Warum? (1–2)

Franks Stundenplan

	Mo	Di	Mi	Do	Fr
8.05	Mathe	Deutsch	Englisch	Geschichte	Informatik
8.50	Deutsch	Informatik	Erdkunde	Religion	Physik
9.35	------------	------------	---Pause---	------------	------------
9.55	Deutsch	Sport	Chemie	Englisch	Mathe
10.40	Englisch	Sport	Religion	Chemie	Erdkunde
11.25	------------	------------	---Pause---	------------	------------
11.35	*Rechnungswesen	Kunst	Musik	Mathe	Sport
12.20	*Rechnungswesen	Wirtschaftskunde	Geschichte	Physik	Sport
13.05					
13.30–15.00		**Basketball			

* Pflicht-AG **Wahl-AG

Pflicht = *compulsory*
Wahl = *optional*

AG heißt Arbeitsgemeinschaft – auf englisch *'work team'*.
Wir müssen in einer Pflicht-AG mitmachen. Wir dürfen in einer oder zwei Wahl-AGs mitmachen.

3a Lesen und Verstehen. Kennst du ein Wort nicht?

6a

3b Hör zu! Welcher Tag ist es? (1–6)

6b

3c Zu zweit. **i.** Ordnet die Antworten den Fragen zu.

z.B. a 3

ii. Stellt euch gegenseitig die Fragen.

a Wann beginnt Franks Schule?
b Wie lange dauert eine Unterrichtsstunde?
c Um wieviel Uhr ist die große Pause?
d Um wieviel Uhr ist die Schule normalerweise aus?
e Um wieviel Uhr ist Frank am Dienstag fertig?
f Welche Fächer hat Frank am Montag?
g Wie viele Stunden Mathe hat er in einer Woche?
h Wie viele Stunden Sport hat er in einer Woche?

1 Mathe, Deutsch, Englisch und AG Rechnungswesen.
2 Drei plus 2 AGs.
3 Um fünf nach acht.
4 Vier.
5 Fünfundvierzig Minuten.
6 Um neun Uhr fünfunddreißig.
7 Um 15.00 Uhr.
8 Um fünf nach eins.

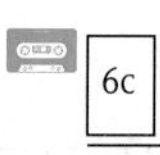
6c

3d Hör zu! Fülle Julias Stundenplan aus.

Chor	Kunst	Allgemeiner Sport
Foto	Literatur	Stenografie
Hauswirtschaft	Mathematik	Theater
Informatik	Orchester	Töpfern
Italienisch	Schülerzeitung	Volleyball

6d

4a Hör zu! AGs: Was machen sie? Wann finden die AGs statt? Mo, Di, Mi, Do oder Fr? (1–7)

z.B. 1 **F** Do, **Inf** Di

4b Schreib eine Antwort an Frank.

Welche AGs gibt es in eurer Schule? Wann und wo finden sie statt? Was machst du? Wieviel Hausaufgaben machst du?

z.B. In unserer Schule gibt es einen Computerklub, ein Orchester/einen Schwimmverein usw.
Ich bin im Kajak-klub/Chor/in der Fußballmannschaft.
Wir treffen uns | am Montag 16.00–17.00 Uhr usw.
| im Hallenbad/in der Schule/in der Turnhalle usw.
Ich mache täglich anderthalb/zwei Stunden Hausaufgaben.

5 Ausrede! Stellt euch gegenseitig die Fragen:

Warum hast du deine Hausaufgaben nicht gemacht?
Warum bist du zu spät gekommen?
Warum hast du deine Turnschuhe nicht mit?
Warum hast du keinen Stift?
Warum warst du gestern nicht hier?

weil ich für eine Klassenarbeit lernen mußte
weil ich mein Heft vergessen habe
weil ich krank war
weil ich meine Tasche im Bus liegenlassen habe
weil ich zum (Zahn)Arzt mußte
weil meine Mutter krank war

gehen = *to go*

ich gehe = *I am going*	wir gehen = *we are going*
du gehst = *you are going*	ihr geht = *you are going*
er geht = *he is going*	sie gehen = *they are going*
sie geht = *she is going*	Sie gehen = *you are going*

Fragen: Gehst du ... ? Gehen Sie ...? = *Are you going ...?*

Futur: ich werde in die Stadt gehen. = *I will go to town.*
Perfekt: ich bin ... gegangen = *I have been/I went ...*
Präteritum: ich ging ... = *I was going/I went ...*

Wie geht es dir? Wie geht es Ihnen? = *How are you?*
Es geht mir gut. = *I am well (lit: It goes to me well).*

Der Umwelt zuliebe

ALU-RECYCLING

Wieviel Aluminium können Sie im Haushalt sammeln?

- Folien : Joghurt- u. Quarkdeckel, Frischhalte- u. Schokoladenfolie …
- Dosen: Alu-Getränkedosen, viele Fisch- u. Wurstdosen, Cremedosen …
- Tuben: Zahnpasta, Senf, Salben …
- Geschirr: Essenschalen, Tiefkühlkost, Back- u. Bratformen (reinigen) …
- Sonstiges: Fahrradteile, Spraydosen aus Alu, Verschlüsse v. Einwegflaschen …

Wußten Sie, wie einfach man Aluminium unterscheiden kann?

- Magnetprobe: Alu haftet nicht am Magneten.
- Reißtest: Aluminiumfolie reißt leicht ein.
- Knüllprobe: Aluminiumfolie bleibt zerknüllt.

die Backform = *baking tin*
der Deckel = *lid*
die Dose = *tin/can*
die Essenschale = *bowl, dish*
die Folie = *silver foil*
das Geschirr = *crockery*
die Probe = *test*
die Salbe = *ointment*
der Senf = *mustard*
Sonstiges = *anything else*
die Tiefkühlkost = *frozen food*
die Umwelt = *environment*
der Verschluß = *stopper*
leicht = *easy*
reinigen = *to clean*
reißen = *to tear*
unterscheiden = *to distinguish*
zerknüllen = *to crumple/scrunch up*

Biotonne

Bitte vermeiden Sie Fehleinwürfe!

Eierschalen

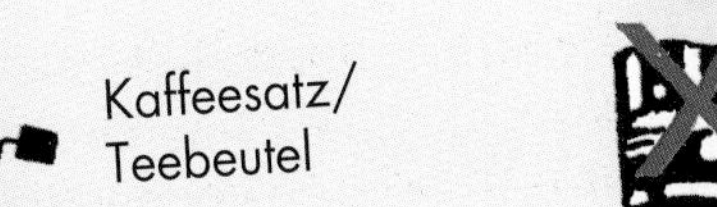
Kaffeesatz/
Teebeutel

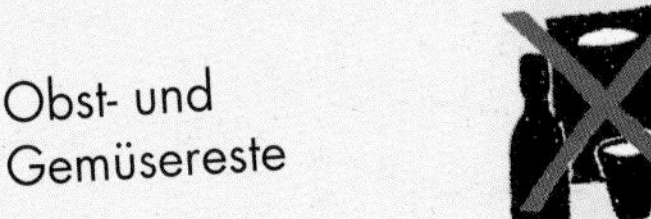
Obst- und
Gemüsereste

Laub

Brotreste

Baum- und
Strauchschnitt

Schnittblumen-
reste

Nein

Glas

Hochglanz-
illustrierte

Kunststoff

Metall

Bauschutt

Sonder-
abfälle

**Der Umwelt zuliebe ......
Bitte eigene/n Becher
oder Tasse mitbringen.**

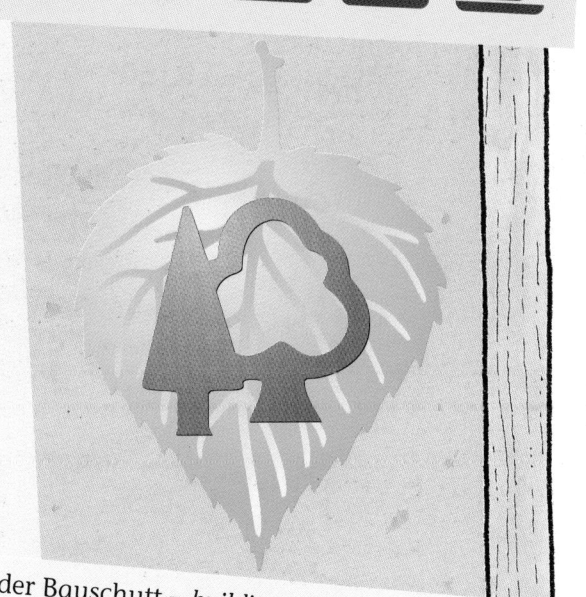

der Bauschutt = *building rubble*
die Eierschale = *eggshell*
die Gemüsereste = *vegetable refuse*
die (Hochglanz-) Illustrierte = *(glossy) magazine*
der Kaffeesatz = *coffee grounds*
der Kunststoff = *synthetic material, plastic*
das Laub = *leaves*
die Schnittblumen = *cut flowers*
die Sonderabfälle = *special refuse*
der Strauchschnitt = *garden clippings*
Fehl- = *wrong*
einwerfen = *to put in*
vermeiden = *to avoid*

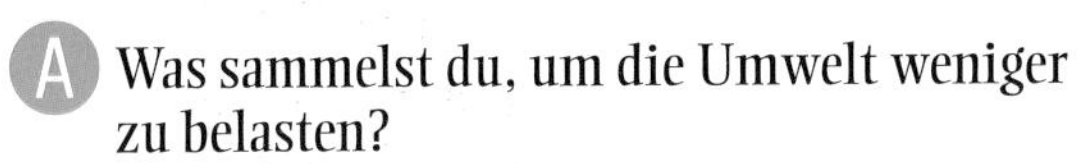

A Was sammelst du, um die Umwelt weniger zu belasten?

B Mach ein Poster fürs Klassenzimmer: Der Umwelt zuliebe ...

C *Choose one of the signs and translate it into English for your own classroom.*

B Schule ... und danach?

Mein Schultag ...

eine Scheibe = *a slice*
verlassen (verläßt) = *to leave*

Ich stehe um 6.30 auf, mache Musik an, dusche, föne das
Haar, ziehe mich an und frühstücke. Ich esse eine Scheibe
Brot mit Honig oder Marmelade und trinke eine Tasse
heiße Schoko oder Kaffee. Ich mache mir ein Schul-
brot mit Fleischwurst oder Käse und packe meine
Schulsachen ein und verlasse das Haus.

Ich gehe zur Buchaltestelle, wo ich mich mit meiner
Freundin Britta treffe. Wir besprechen die Hausauf-
gaben, oder, wenn wir eine Klassenarbeit schreiben,
üben wir zusammen. Der Bus kommt um zwanzig nach
Sieben, und um Viertel vor acht sind wir in der
Schule. Die erste Stunde fängt um fünf vor acht an.

Meistens bin ich um 13.00 Uhr fertig, und wir gehen
dann direkt in die Stadt und kaufen uns was zu
essen, weil unsere Eltern arbeiten. Später am Nachmit-
tag treffen wir uns mit Freunden, oder wir machen
einen Stadtbummel oder gehen ab und zu auch
schwimmen oder Tennis spielen oder hängen nur rum.

Abends mache ich meine Hausaufgaben, sehe ein
bißchen fern und gehe dann ziemlich früh ins
Bett, weil ich immer so früh aufstehen muß.

Gerhard

besprechen = *to discuss*
eine Klassenarbeit = *a test*
üben = *to practise/revise*
zusammen = *together*

fertig = *ready/finished*
später = *later*
ab und zu = *from time to time*
rumhängen = *to hang around*

7a

1a Bring die Bilder in die richtige Reihenfolge.

ich – er
ich dusche – er duscht
ich esse – er ißt
ich gehe – er geht
ich mache – er macht
ich sehe – er sieht
ich spiele – er spielt
ich stehe – er steht
ich treffe mich – er trifft sich

7a

1b Zu zweit. Erzählt, was Gerhard auf den Bildern macht.

z.B. A: Bild a? B: Er steht auf.

1c Wie sieht es bei dir aus? Was machst du normalerweise an einem Schultag? Schreib einen Brief und beschreib deinen normalen Schultag. Nimm ihn auf Kassette auf!

z.B. Ich stehe um ... auf.

7b

1d Wie sah es letzten Montag bei dir aus?

z.B. Ich bin um ... aufgestanden.

Präsens	Perfekt
ich stehe ... auf	ich *bin ... aufgestanden
ich mache ...	ich habe ... gemacht
ich dusche	ich habe geduscht
ich esse ...	ich habe ... gegessen
ich gehe ...	ich *bin ... gegangen
ich sehe ...	ich habe ... gesehen
ich spiele ...	ich habe ... gespielt
ich treffe mich ...	ich habe mich ... getroffen

B Schule ... und danach?

Das deutsche Schulsystem

Schule	Alter	Klasse
Kindergarten	3–6	
Grundschule	6–9	1–4
Gesamtschule **H**auptschule — **R**ealschule — **Gym**nasium Prüfung: Hauptschulabschluß — Realschulabschluß — Mittlere Reife	10–16	5–10
Berufsschule/Fachschule (betriebliche **Ausb**ildung) — **Gym**nasium Prüfung: Hochschulreife — **Ab**itur	16–18/19	11–12
Fachhochschule — **Uni**versität	18/19+	

die Berufs/Fachschule – eine Schule, wo man eine Arbeit lernt

betriebliche Ausbildung – man lernt in einer Berufsschule und arbeitet in einer Fabrik oder in einem Geschäft

8a **2a** Hör zu! Wie alt sind sie? In welche Schule und Klasse gehen sie? (1–6)

z.B. 11, R, 6

8b **2b** Finde die Unterschiede heraus: in Deutschland ... und bei uns.

Kopiere die Tabelle und fülle sie aus:

	Deutschland	bei uns
Kindergarten	3–6 Jahre	?
Grundschule	6–10 Jahre	?
Sekundarstufe	10–16 Jahre	?
Mittlere Reife/Prüfung	16 Jahre	?
Abitur/Prüfung	18/19 Jahre	?

Weiterbildung

a Ich werde arbeiten.

b Ich will eine betriebliche Ausbildung machen. (Ich werde *Azubi.)

c Ich will an dieser Schule weiterlernen.

d Ich will an einer anderen Schule weiterlernen.

e Ich will das Abitur machen.

*Auszubildende(r) = *apprentice*

8c

3a Hör zu! Was wollen sie nach der Sekundarstufe machen? (1–5)

3b Ein Schaubild: Was wollen sie später machen? Schreib es auf!

Eine Person will/weiß …
Zwei Personen wollen/wissen …

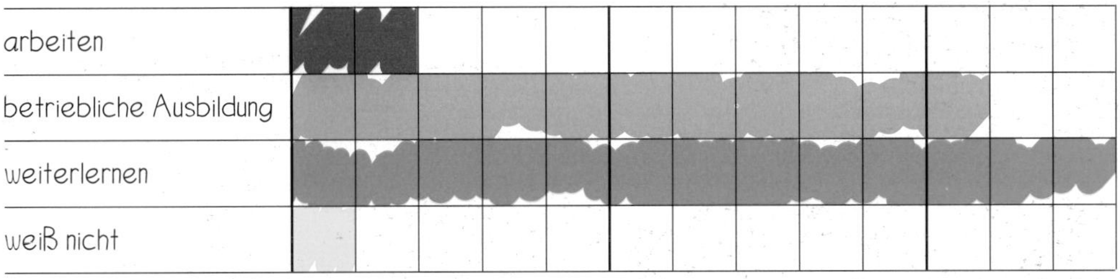

arbeiten
betriebliche Ausbildung
weiterlernen
weiß nicht

3c Mach eine Umfrage. Frage 16 Personen in deiner Klasse:
Was willst du später machen?
Zeichne ein Schaubild und schreib die Ergebnisse auf.

8d

3d Vervollständige den Text.

Ich besuche diese Schule seit … Jahren. Ich lerne Deutsch seit … Jahren.
Ich werde die … Prüfung in Mathe, … usw. machen.
Nächstes Jahr will ich …

machen = *to do or make*

ich mache = *I do/make*	wir machen = *we do/make*
du machst = *you do/make*	ihr macht = *you do/make*
er macht = *he does/makes*	sie machen = *they do/make*
sie macht = *she does/makes*	Sie machen = *you do/make*

Futur: ich werde … machen = *I shall make*
Perfekt: ich habe … gemacht = *I (have) made*
Präteritum: ich machte … = *I made, I was making*
Fragen: Machst du …? Machen Sie …? = *Do you do/make?*

Mach das Fenster auf! = *Open the window.*
Machen Sie das Licht an! = *Switch the light on.*

Lesefutter

Schuluniform in verschiedenen Ländern

Wir gehen zur Schule. Was ziehen wir an?

A Was meinst du? Woher kommen sie?

Australien | Guadalupe | Indien | Iran | Japan | Malaysia | Simbabwe | die Türkei

B Was tragen die Jungen und die Mädchen?

eine Hose | *eine Jacke* | *eine Bluse* | *ein Hemd* | *einen Tschador* | *einen Hut*

einen Schlips | *einen Rock* | *ein Oberteil* | *ein T-Shirt* | *eine Jeans* | *Shorts*

C Eine Uniform? Was meinen sie? Positiv oder negativ?

Klasse! | Igitt! | Furchtbar! | In Ordnung. | Chic. | Nicht so gut! | Cool! | Langweilig.

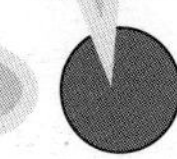

D Was meinen sie? Wie finden sie die Uniformen, gut oder nicht?

Die Uniform, die die Mädchen in Simbabwe tragen, sieht unbequem aus. Die Jacke ist zu dick. In Simbabwe ist es heiß, und ich würde lieber ein T-Shirt und Shorts tragen.

Ich würde den Tschador nicht gern tragen, weil es gefährlich sein könnte, zum Beispiel in Chemie, wenn man ein Experiment macht.

Ich finde, die indischen Mädchen sehen schick aus. Aber die anderen Uniformen sind zu eintönig und langweilig. Ich stimme für die bunte Kleidung.

Ich finde eine Uniform ganz gut, weil man weiß, was man anziehen muß. Ich würde keinen Schlips tragen. Es könnte auch gefährlich sein. Man sollte auch in der Schule bequem angezogen sein und laufen und herumtoben können. Die japanische Uniform sieht ziemlich praktisch aus.

C Das Berufs- und Fachhochschulzentrum

1 Was wollen sie werden? Warum?

z.B. ... will (Maurer) werden,

weil er/sie gern draußen/mit Menschen/mit Kindern arbeitet.

Bau 007-018
Materialprüfung 009-010
Metall - Grundausbildung 017
Holz Zimmerer 031-033
Holz Schreiner 024-037
Farbe 052-067

Maurer kann jeder lernen. Man braucht nur Hauptschulabschluß und fängt mit 16 in der Berufsschule an. Ich lerne Technische Mathematik, Technisches Zeichnen und Technische Praxis, das heißt, wie man Beton mischt und wie man Steine zusammenlegt und solche Sachen. Es macht mir großen Spaß, weil ich sehr gerne draußen in der frischen Luft arbeite.

Alois

Beton = *cement*
mischen = *to mix*
Stein = *stone*

Ich bin 16 Jahre alt und mache hier noch mal Hauptschulabschluß. Das dauert noch ein Jahr. Vielleicht will ich dann Krankenpflegerin lernen, weil ich gern mit Menschen zu tun habe, aber ich weiß noch nicht ganz genau. Wenn ja, muß ich noch zwei Jahre lernen.

Yvonne

Ich heiße Melanie und bin 16 Jahre alt. Ich habe schon Hauptschulabschluß gemacht und mache hier Realschulabschluß (Mittlere Reife). Ich möchte später Erzieherin werden, weil die Zusammenarbeit mit kleinen Kindern mir großen Spaß macht.

Ich muß insgesamt fünf Jahre studieren, zwei Jahre hier und zwei Jahre in einem Kindergarten – ein sogenanntes Betriebspraktikum – und dann noch ein Jahr auf der Schule.

das Betriebspraktikum = *practical training*

Ich werde Maurer lernen und mich dann weiter ein Jahr an der Fachhochschule ausbilden lassen. Wenn es klappt, möchte ich danach vier Jahre an der Uni studieren und eventuell selbständig als Architekt arbeiten, weil es mir Spaß macht, zu sehen, wie ein Haus entsteht, und weil die Arbeit sehr kreativ ist.

Sammi

2a Hör zu! Wer spricht?
Machen sie das gern (✔) oder nicht gern (✘)? Warum? (1–5)

Stukkateur

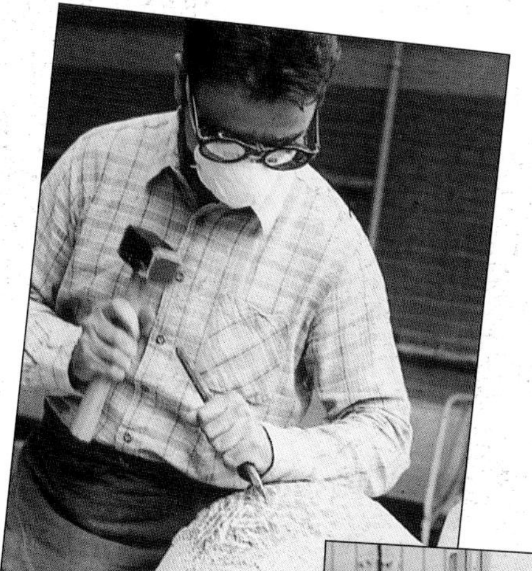

Steinmetz

Erzieherin

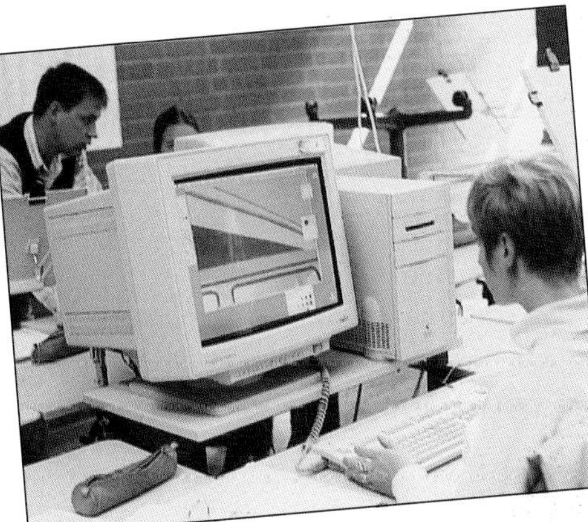

Graphikerin

Konditorgesellin

a weil das Studium so lang ist
b weil man den ganzen Tag stehen muß
c weil ich gern mit Kindern arbeite
d weil die Arbeit schmutzig ist
e weil die Arbeit kreativ ist
f weil ich gern mit den Händen arbeite

2b Was würdest du gern lernen? Warum?

Ich würde gern … lernen, weil …

Perfekt: Ich bin auf die …schule gegangen.

Präsens: Ich gehe auf die …schule.

Futur: Ich werde | auf die …schule gehen
die Schule verlassen

Ich möchte | arbeiten
auf eine Uni/Fachschule gehen = *I'd like to …*

Im Büro

A Das Personal

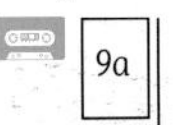

9a **1a** Wiederholung. Hör zu! Das Alphabet.

Umlaute: ä ö ü   scharfes S/Eszett: ß   Bindestrich: -
groß B   klein b   fett **b**   kursiv *b*
Punkt .   Komma ,   Fragezeichen ?

9b **1b** Rollenspiel.

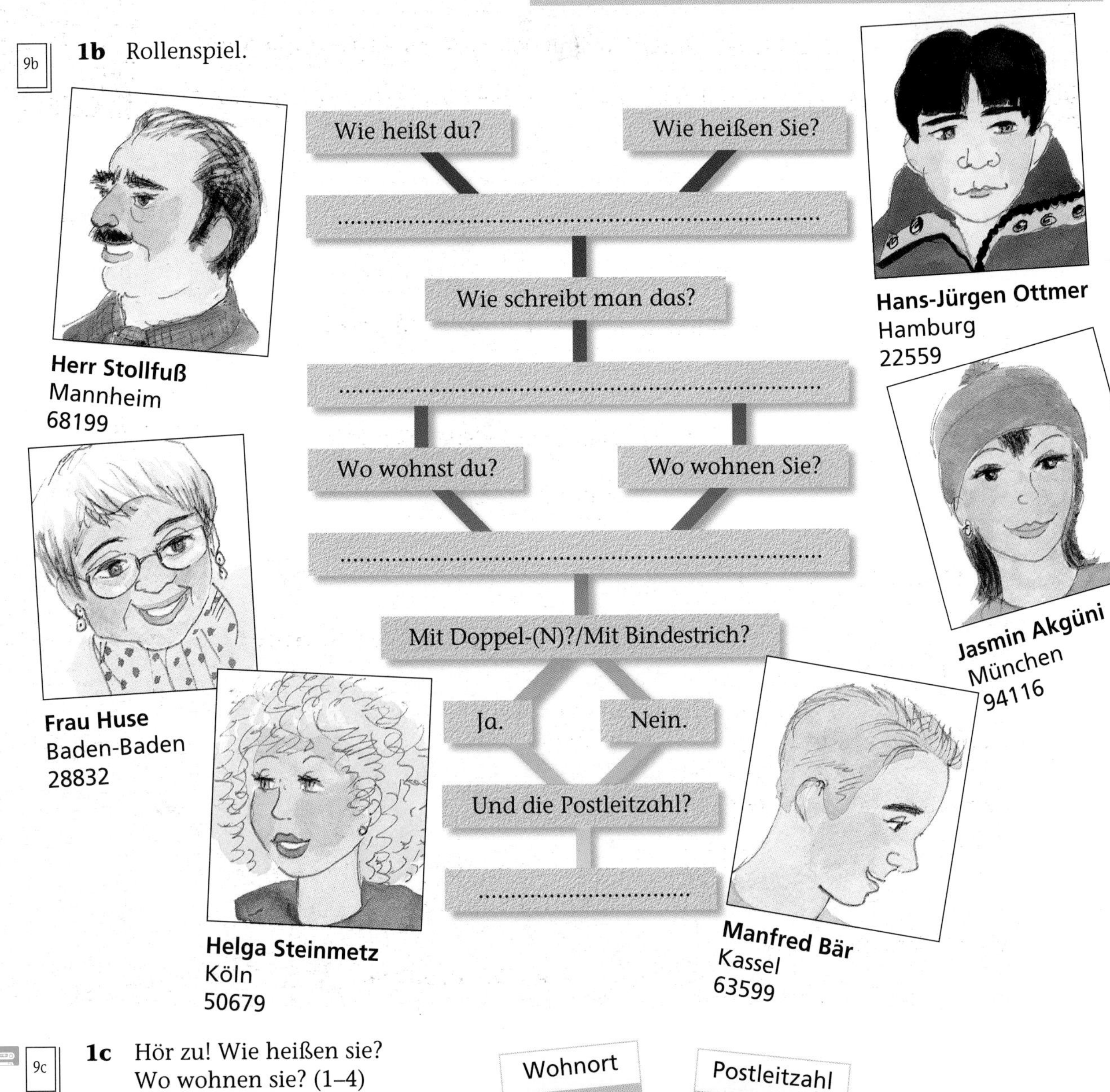

9c **1c** Hör zu! Wie heißen sie? Wo wohnen sie? (1–4)

z.B. ... wohnt in ... Die PLZ ist ...

Wohnort
Dortmund
Freiburg
Fulpmes
Lindberg

Postleitzahl
44309
6166
79117
94227

9d

2a Hör zu! Wie heißen sie?

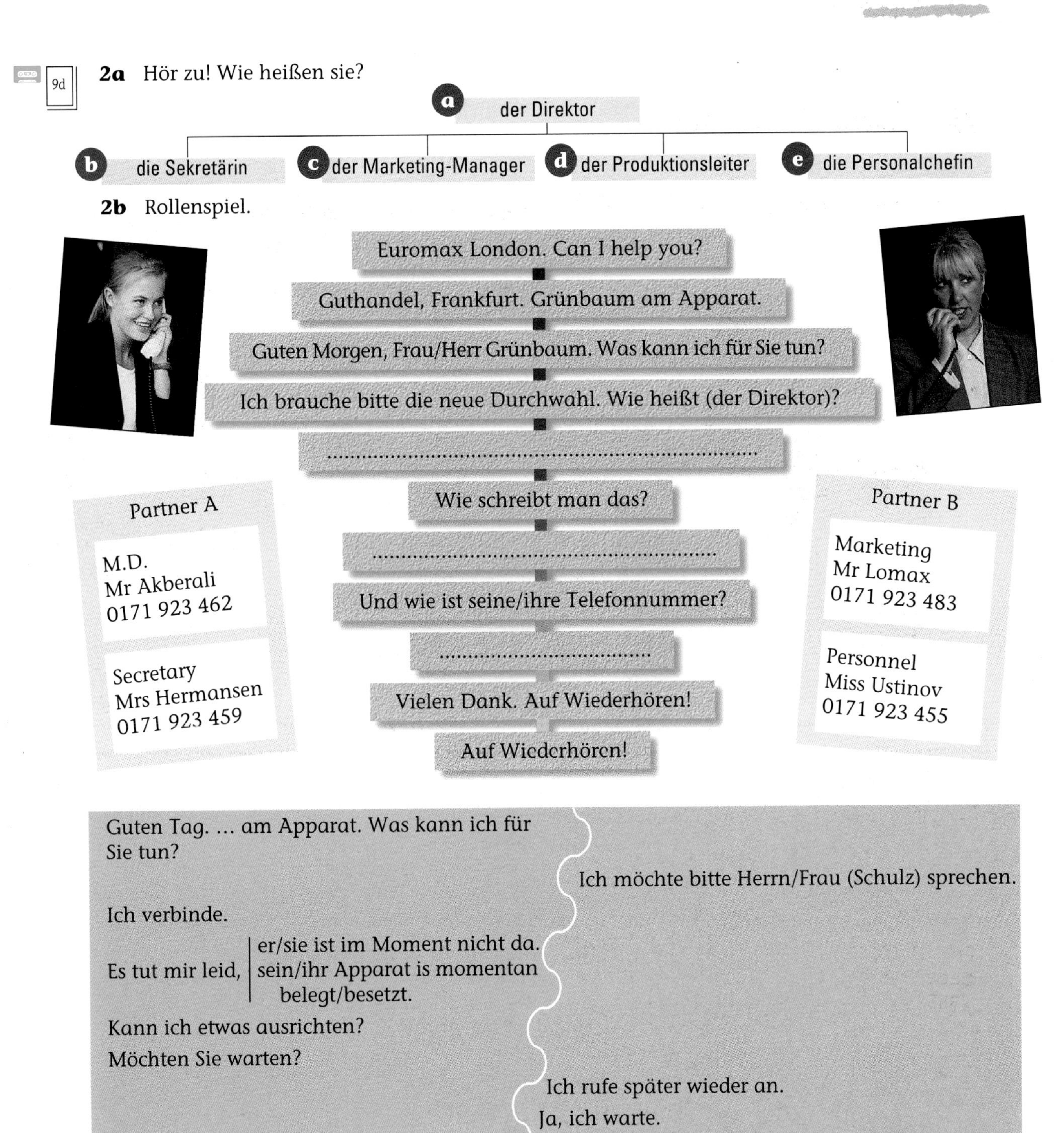

2b Rollenspiel.

Guten Tag. ... am Apparat. Was kann ich für Sie tun?

Ich möchte bitte Herrn/Frau (Schulz) sprechen.

Ich verbinde.

Es tut mir leid, | er/sie ist im Moment nicht da.
| sein/ihr Apparat is momentan belegt/besetzt.

Kann ich etwas ausrichten?

Möchten Sie warten?

Ich rufe später wieder an.

Ja, ich warte.

Auf Wiederhören!

Auf Wiederhören!

2c Frau Grünbaum hat ihre Notizen verloren. Schreib ihr ein Fax mit den Namen und Telefonnummern, die sie haben wollte.

Euromax London

Der/Die ... heißt ...

Seine/Ihre neue Telefonnummer ist ...

10a

3a Zu zweit. Wiederholung: Wie sehen sie aus? Wie alt sind sie ungefähr?

z.B. A: Bild a? B: Er ist ..., hat ... und trägt ...
Er ist ungefähr ... Jahre alt.

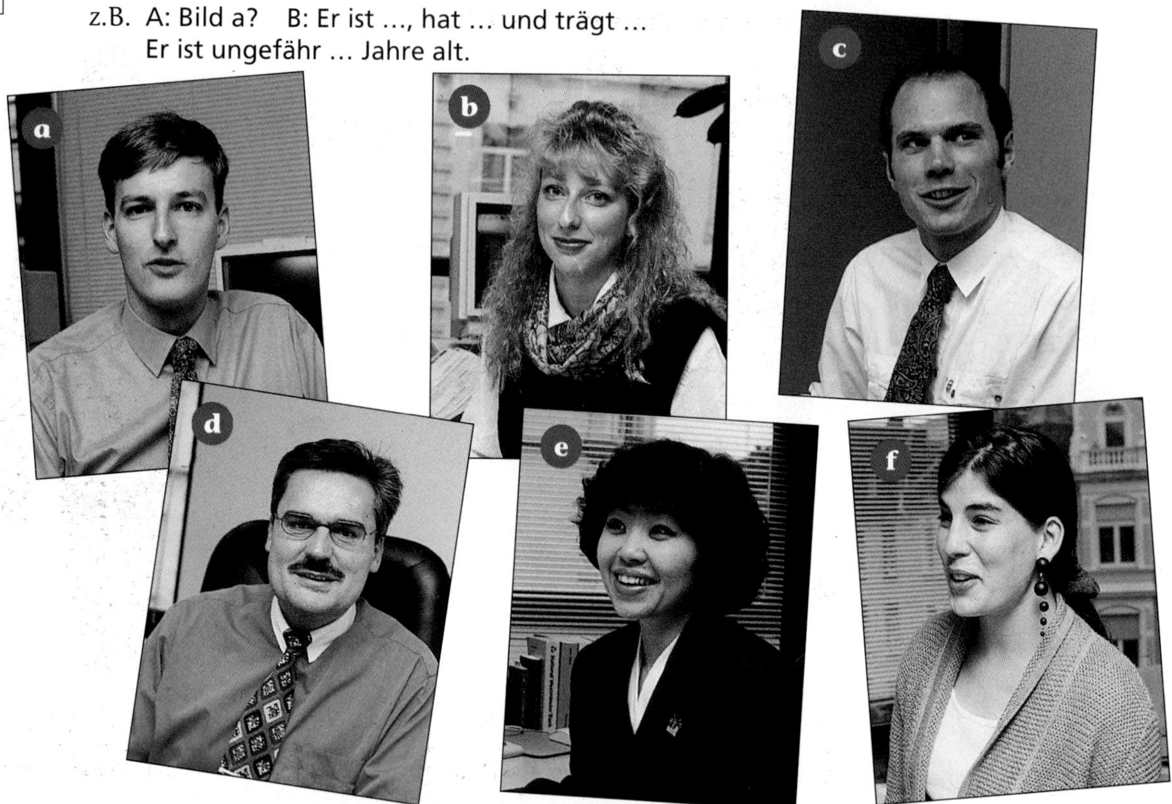

<table>
<tr><td rowspan="6">Er/Sie</td><td>ist</td><td colspan="2">(ziemlich) groß/mittelgroß/klein</td></tr>
<tr><td rowspan="4">hat</td><td>kurze/lange/schulterlange
glatte/wellige/lockige
graue/blonde/rötliche/dunkelblonde/dunkle</td><td>Haare</td></tr>
<tr><td colspan="2">eine Glatze/Halbglatze</td></tr>
<tr><td colspan="2">braune/blaue/grüne/graue Augen</td></tr>
<tr><td colspan="2"></td></tr>
<tr><td>trägt</td><td colspan="2">eine Brille/einen Bart/einen Schnurrbart</td></tr>
</table>

10a

3b Hör zu! Wie heißen sie? (Bilder a–f)

Günter **H**eidisch
Andreas **N**ika
Werner **K**rieger
Hanna **R**oth
Evi **S**trobel
Marthe **F**ischer

10b

3c **i.** Wie siehst du aus? Ich bin ... Ich habe...
ii. Wie sieht dein Partner/deine Partnerin aus? Er/Sie ist/hat ...
iii. Finde vier Unterschiede heraus.

z.B. Er/Sie ist älter/jünger; größer/kleiner; dicker/schlanker als ich.
Seine/Ihre Haare sind länger/kürzer; dunkler/heller.
Meine Haare sind (rötlich). Seine/Ihre Haare sind (dunkelblond).
Er/Sie trägt ...

10c

4a Zu zweit. Was haben sie an?

z.B. A: Bild a. Was hat sie an? B: Sie trägt eine Jacke ...

	Mask. (der)	**Fem.** (die)	**Neutr.** (das)	**Pl.** (die)
Er/Sie trägt:	einen roten Pulli	eine graue Hose	ein weißes Hemd	schwarze Schuhe

der Anzug
die Bluse
der Hut
die Jacke
die Jeans

das Kleid
der Schlips
das Sweatshirt
die Tasche

die Aktentasche

das Handy

die Zeitung

10c

4b Hör zu! Wie heißen sie? (Bilder a–d)

4c Zu zweit. Stellt euch gegenseitig die Fragen:

i. Was hast du heute an? — Ich habe ... an.

ii. Und was hat (Marc/Karin/der Lehrer/die Lehrerin) an? — Er/Sie trägt ...

4d Schreib es auf.

4e Wähl eine Person aus und beschreib sie. Nimm die Beschreibung auf Kassette auf.

z.B. Er/Sie hat ... Haare und trägt ...

tragen = *to wear or carry*

ich trage — wir tragen
du trägst — ihr tragt
er trägt — sie tragen
sie trägt — Sie tragen

Futur: ich werde ... tragen = *I will wear/carry*
Perfekt: ich habe getragen = *I wore/carried*
Präteritum: ich trug = *I was wearing/carrying*
Fragen: Was trägst du/tragen Sie?

Ich trage Zeitungen aus. = *I deliver newspapers.*

Jeans ... Accessories ... Kids ...

Esprit ist eine amerikanische Firma, die Kleidung entwirft und herstellt. Etwa 1 250 Menschen in sechs Ländern arbeiten an der Herstellung von 45 Millionen Kleidungsstücken jährlich. Das Designstudio ist in Düsseldorf.

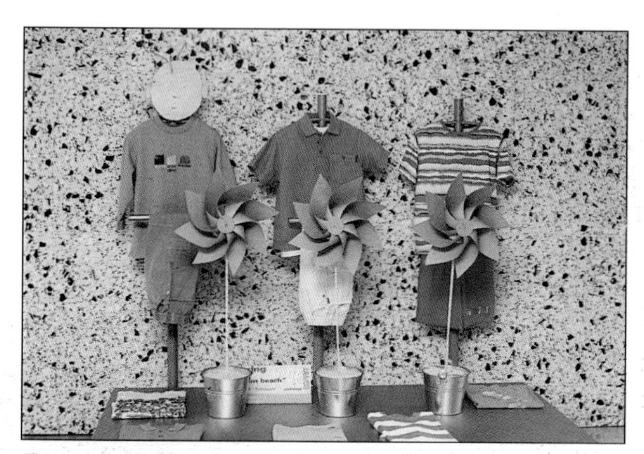

Die neue Kollektion für junge Leute

Das Designstudio in Düsseldorf. Hier bearbeitet das Designteam die neue Esprit Kollektion.

Esprit hat weltweit 36 Geschäfte und 200 Shops im Haus.

Ich bin Designerin. Ich heiße Danielle Grümer. Ich arbeite schon seit einem Jahr hier in Düsseldorf bei Esprit. Das ist ein sehr internationaler Job. Ich reise sehr viel, und das Team, mit dem ich arbeite, ist sehr jung. Ich spreche Deutsch, Englisch und ein bißchen Italienisch. In meiner Freizeit spiele ich gern Tennis und gehe viel tanzen. Ich gehe gern ins Kino und besuche auch gern Museen.

Mein Name ist Winkels. Mein Bereich ist Market Research. Ich habe meine Ausbildung hier bei Esprit gemacht und arbeite schon seit vielen Jahren hier. Es macht Spaß, weil die Kollegen alle so nett sind. In meiner Freizeit treibe ich gern Sport; ich lese auch gern und treffe mich gern mit Freunden.

Baby ... Men ... Schuhe ...

Ich bin Frau Kornen und bin Textilmustergestalterin. Ich entwerfe allein die Muster für den Stoff. Ich bin schon zweieinhalb Jahre hier und finde die Arbeit unheimlich interessant.

Ich heiße Spanjol. Ich bin Assistent des Verkaufsleiters. Mein Bereich ist, Lösungen zu Problemen zu finden. Das Arbeitsklima hier ist sehr schön, aber leider wird 80% von meiner Arbeit am Computer gemacht, und ich habe wenig direkten Kontakt zu anderen Leuten.

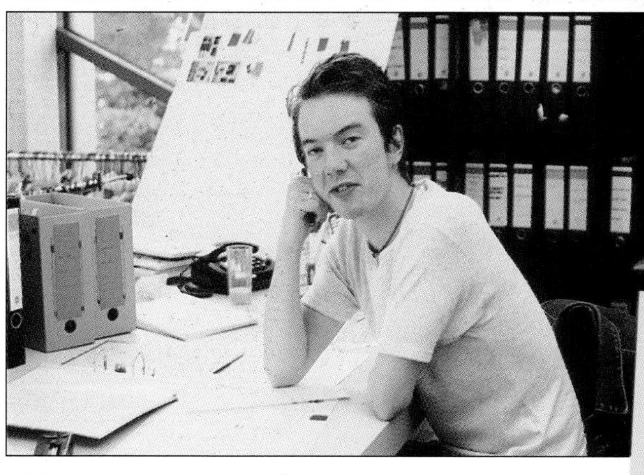

Mein Name ist Kevin. Ich bin 24 Jahre alt und arbeite schon sechs Monate als Designer für den Denimrange für die Frühling-Sommer Kollektion. Ich habe Fashion Design in London studiert. Ich reise sehr gern, besonders nach Hongkong, Italien und Paris. In meiner Freizeit lese ich gern und gehe gern ins Kino.

A *Who ...?*

a. *has been working at Esprit for six months*
b. *studied in England*
c. *designs patterns for the fabrics*
d. *works mainly at the computer*
e. *travels a lot*

B Interessierst du dich für Mode?
Würdest du gern in einem Designstudio arbeiten?

B Betriebspraktikum in einem Büro

Sebastian macht ein Betriebspraktikum bei der Firma Schnelldienst.

11a

1a Was macht er? Bring die Bilder in die richtige Reihenfolge!

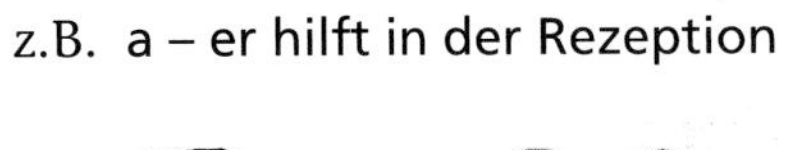

z.B. a – er hilft in der Rezeption

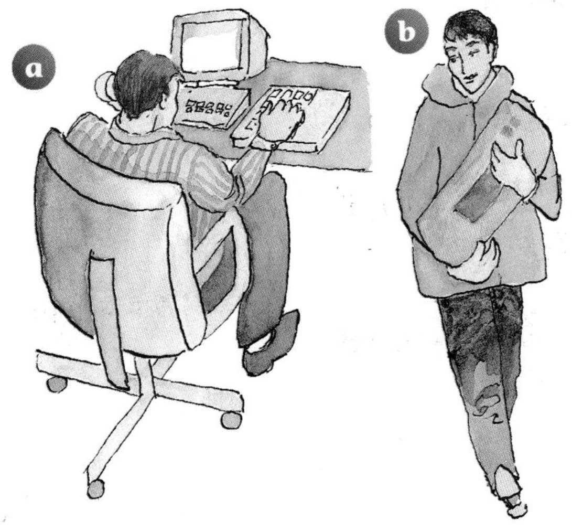

8.00	Kaffeemaschine anmachen, Post holen und verteilen
8.30 - 9.30	Allgemeines – Frau Zimmermann helfen
9.30 - 10.00	Kaffeepause – Kaffee usw. servieren/leere Tassen in die Spülmaschine tun
10.00 - 11.30	In der Rezeption helfen.
11.30 - 12.30	Briefe schreiben/tippen und Akten in die Aktenschränke räumen
12.45	Briefe zur Post bringen

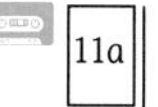

11a

1b Hör zu! Was macht er jetzt? (1–6)

z.B. 1 Er ...

Infinitiv	**Präsens:** er	**Perfekt:** ich habe
an/machen	macht ... an	angemacht
bringen	bringt	gebracht
helfen	hilft	geholfen
holen	holt	geholt
räumen	räumt	geräumt
schreiben	schreibt	geschrieben
servieren	serviert	serviert
tippen	tippt	getippt
tun	tut	getan
verteilen	verteilt	verteilt

11b

1c Zu zweit. Ihr macht mit! Stellt euch gegenseitig die Fragen:

Es ist 8 Uhr. Was machst du jetzt? Ich mache ...
Es ist 10 Uhr. Was machst du jetzt?
Es ist 12.45 Uhr. Was machst du jetzt?

Es ist 8.30 Uhr. Was hast du gemacht? Ich habe ...
Es ist 11.30 Uhr. Was hast du noch gemacht?
Es ist 12.30 Uhr. Was hast du noch gemacht?

11c

1d Hör zu! Wie finden sie die Arbeit? Warum? (1–6)

z.B. 1 b, vii

a interessant
b nicht so gut
c gut
d O.K.
e in Ordnung
f schrecklich

weil ...

i. es Spaß macht
ii. es viel zu tun gibt
iii. man gut verdient
iv. es stressig ist
v. Rauchen verboten ist
vi. man Kontakt zu Menschen hat
vii. es langweilig ist

B Betriebspraktikum in einem Büro

8.30 Frau Zimmermann helfen

12a

2a Wie heißen die Gegenstände?

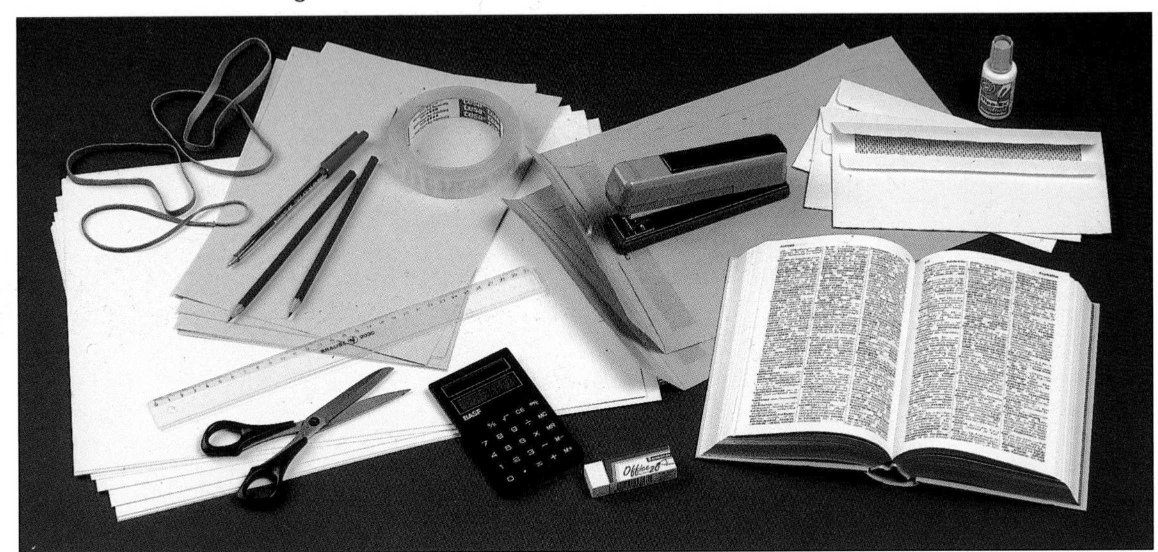

12a

2b Hör zu! Wir machen eine Inventur.
Was gibt's, und was fehlt?

	Gibt	Fehlen
Bleistifte	20	10

9.30 Kaffeepause

3 Rollenspiel: Einer von euch muß die Getränke servieren! Siezen!

10.00 An der Rezeption

4a Rollenspiel.

Guten Tag. Kann ich Ihnen helfen?

Ich habe einen Termin mit Herrn Schulz.

Ihr Name, bitte?

....

Moment. Ich rufe ihn mal an.
Er kommt gleich. Nehmen Sie bitte Platz. Darf ich Ihnen eine Tasse Kaffee anbieten?

Danke.

Bitte.

12b

4b Hör zu! Wer besucht wen? Schreib die Liste ab und fülle sie richtig aus! (1–6)

Name	Firma	besucht	Ankunft
Müller	Blitzschnell	Frau Siebers	8.15

Braun
Schmidt
Müller
Freitag
Fischer
Hinkel

Glasmann
Automat
Neubau
Winkeltür
Blitzschnell
Selbermachen

Herrn **Sliemann**
Frau **Siebers**
Frau **Winter**
Herrn **Bartsch**
Herrn **Pampuch**
Frau **Grützner**

12c

4c Du mußt Frau Zimmermann erzählen, wer um wieviel Uhr gekommen ist und wen er/sie besucht. Schreib es auf, und nimm es auf Kassette auf!

z.B. Frau Müller ist um ... Uhr gekommen. Sie hat Herrn ... /Frau ... besucht.

anrufen = *to ring up*

ich rufe an	wir rufen an
du rufst an	ihr ruft an
er ruft an	sie rufen an
sie ruft an	Sie rufen an

Futur: ich werde anrufen = *I will ring*
Perfekt: ich habe angerufen = *I have rung*
Präteritum: ich rief an = *I was ringing/rang*
Frage: Rufst du an? Rufen Sie an? = *Are you ringing?*

Ruf mal an! = *Give me a ring!*
der Notruf = *emergency call*
Danke für den Anruf! = *Thanks for calling!*
das Rufzeichen = *ringing tone*

Frankfurt am Main

Frankfurt ist ein wichtiges europäisches Zentrum für Industrie, Handel und Banken.

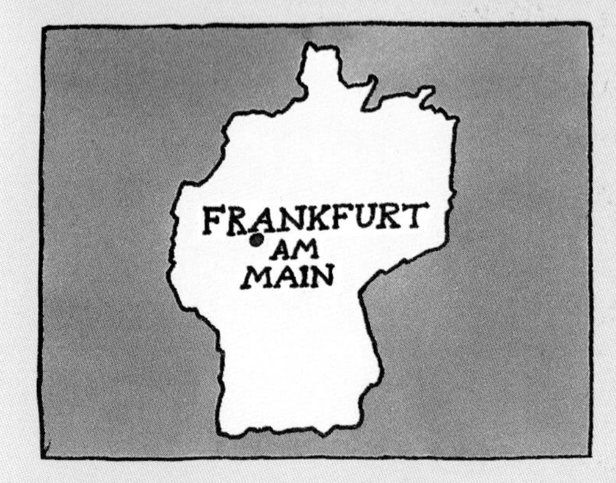

Der Hauptbahnhof ist der größte Bahnhof Europas.

Der Flughafen ist einer der größten Flughäfen Europas.

Die Frankfurter Messe. Auf dem Messegelände finden viele große Messen statt, wie die internationale Buchmesse, Interstoff – die internationale Design- und Stoffmesse, usw.

Der Römer. Hier befindet sich das Rathaus.

Ich wohne und arbeite in Frankfurt.
Ich wohne hier seit 7 Jahren in einem
großen Wohnblock nicht weit von der
Stadtmitte. Ich arbeite als
Verkäuferin in einem großen Kaufhaus
im Einkaufszentrum. Ich fahre
jeden Tag mit der S-Bahn zur
Arbeit. Ich wohne gern in einer
Großstadt, weil man hier viel
unternehmen kann, zum Beispiel:
ins Kino gehen, ins Theater gehen,
in einer Disko tanzen, Sport treiben.
Es gibt auch viele schöne Restaurants,
wo man gut und preiswert essen kann.
Was ich nicht so gut finde, ist der
viele Verkehr und die stinkenden
Abgase, und, weil ich in der Nähe vom
Flughafen wohne, gibt es viel Lärm
von den Flugzeugen. Es ist auch
sehr teuer, in einer Großstadt
zu wohnen.

Wohnst du oder würdest du gern in einer Großstadt wohnen? Warum?

C Geschäftsreise nach Deutschland

Programm des Besuches von Mr Buckley aus Manchester

Montag: Ankunft Flughafen Düsseldorf 15.34 Uhr Flug LH 423 aus Manchester
Hotel Luxus, Weinberger Allee, Neustadt

Dienstag: vorm. Besuch der Fabrik
nachm. Treffen mit Verkaufsleiter, Herrn Blimp
abends zum Essen bei Herrn Blimp eingeladen

Mittwoch: vorm. Treffen mit Frau Stein, Designerin
nachm. frei

Donnerstag: vorm. Treffen mit Herrn Boff, Finanzdirektor
nachm. frei
abends Essen in der Altstadt mit Frau Stein

Freitag: vorm. Einkaufsbummel auf der Kö
nachm. Abflug um 16.45 Uhr, Flugnummer LH 424

1a Zu zweit. Was macht Mr Buckley?

z.B. Er kommt in Düsseldorf am Montag, den 13. März, Flugnummer … , um … Uhr an.
Er übernachtet im Hotel …
Er besucht …
Er trifft sich mit …
Er macht …
Er fliegt am … , Flugnummer… , um … Uhr ab.

1b Schreib ihm das Programm auf englisch ab.

Monday:

Tuesday:

2a Mr Buckley will sich mit Frau Karl von der Firma Chic Angezogen treffen. Wann hat er frei? Schreib ein Fax:

> **Fax from:** Mr Buckley, Fashion Fabrics PLC
>
> **For the attention of:** Frau Karl, Chic Angezogen

Mr Buckley ist 13.-17. März in Deutschland.

Er möchte sich mit Ihnen treffen. Er hat ... frei.

Bitte teilen Sie uns mit, wann es Ihnen paßt.

Hochachtungsvoll

2b Hör zu! Wann hat Frau Karl frei?

	vorm.	nachm.
Mo.		x

2c Wann können sie sich treffen? Hinterlaß eine Mitteilung auf dem Anrufbeantworter von Mr Buckley:

mitteilen = *to let someone know*
passen = *to suit/be convenient*

Frau Karl hat ... frei und möchte sich dann mit Ihnen treffen.

3 Zu zweit. Konsequenzen! Wann und wo treffen sie sich?

Herr Braun	Dilek	Verena	Michael

trifft sich mit

Anja	Hans	Frau Müller	Joanna

um

8.00	12.30	17.15	19.45
vor dem Kino	in der Stadt	im Büro	im Restaurant

(sich) treffen (mit) = *to meet*

ich treffe mich	wir treffen uns
du triffst dich	ihr trefft euch
er trifft sich	sie treffen sich
sie trifft sich	Sie treffen sich

Futur: wir werden uns um ... treffen
Perfekt: ich habe mich mit ... getroffen
wir haben uns getroffen
Fragen: Wann treffen wir uns?

der Treff = *meeting* der Treffpunkt = *meeting place*

Meine Szene

A Familie und Zuhause

Ich wohne mit meiner Mutter und meinen Geschwistern zusammen. Mein Vater, der Lars hieß, ist 1996 bei einem Autounfall gestorben. Meine Mutter heißt Yasemin. Mein Bruder heißt Murat. Er ist zwei Jahre älter als ich, und meine Schwester heißt Serpil und ist ein Jahr jünger als ich.

Die Eltern meines Vaters heißen Erwin und Gertrud. Sie wohnen in Köln. Wir sehen sie ziemlich oft.

Die Eltern meiner Mutter wohnen in der Türkei. Meine Großmutter in der Türkei heißt Ayfer und mein Großvater Sahin.

Mein Vater hat eine Schwester, meine Tante Stefanie, die mit Onkel Heinrich verheiratet ist. Sie haben zwei Söhne, Karsten und Rüdiger. Sie wohnen in München, also sehen wir uns nicht so oft.

Meine Mutter hat eine jüngere Schwester Melisa, die mit Onkel Hasan verheiratet ist. Sie hat auch einen jüngeren Bruder Serdar, der nicht verheiratet ist. Hasan und Melisa haben eine Tochter Dilek. Onkel Serdar hat einen großen Hund. Wie sieht es bei dir aus? Hast du auch viele Verwandte?

Flora

verheiratet = *married*

13a **1a** Wie heißen Floras Verwandte?

z.B. o heißt Flora

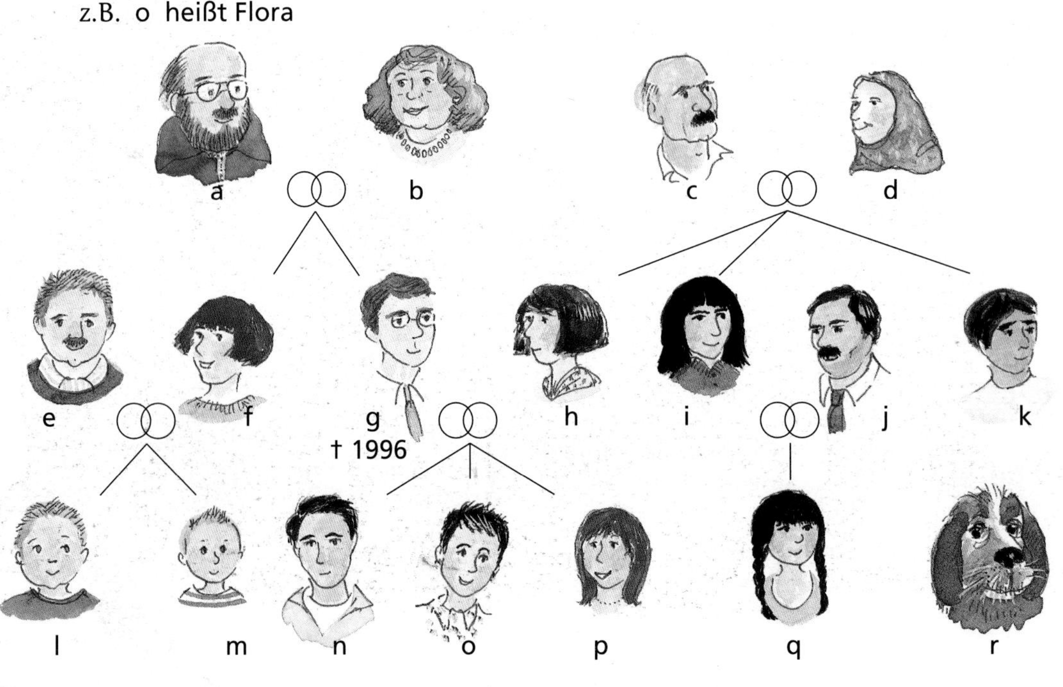

1b Zu zweit. Was sagen sie?

z.B. Susanne sagt: Ich habe …

Ich habe	einen älteren/jüngeren Bruder. Er heißt … zwei ältere/jüngere Brüder. Sie heißen … und … eine ältere/jüngere Schwester. Sie heißt … zwei ältere/jüngere Schwestern. Sie heißen … und …
Ich bin Einzelkind. Ich habe keine Geschwister.	

13c

1c Meine Familie. Schreib eine Antwort an Flora:

- Ich wohne bei | meinen Eltern. Mein Vater/Meine Mutter heißt …
  | meinem (Stief)Vater/meiner (Stief)Mutter. Er/Sie heißt …
- Mein Vater ist (Fabrikarbeiter) und meine Mutter ist (Arztgehilfin).
- Mein Bruder/Meine Schwester …
  ist ziemlich groß/klein/mittelgroß/schlank/dick usw.
- Er/Sie ist … Jahre alt und hat (braune) Haare und (grüne) Augen.

1d Phantasiespiel. Halte einen Vortrag: Meine Familie.
Nimm ihn auf Kassette auf!

A Familie und Zuhause

14a **2a** Wie hilfst du im Haushalt? Interviewt euch gegenseitig:

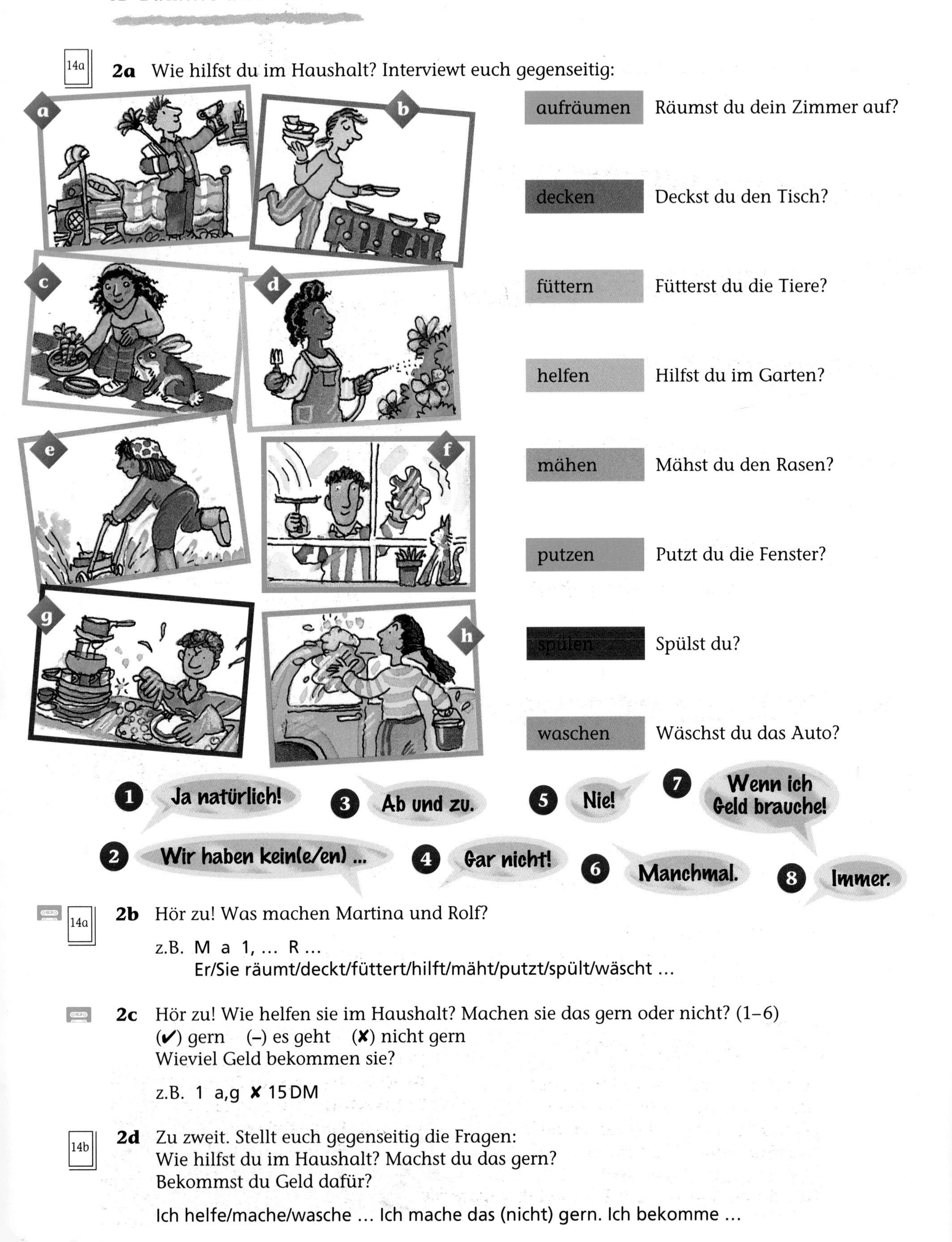

aufräumen	Räumst du dein Zimmer auf?
decken	Deckst du den Tisch?
füttern	Fütterst du die Tiere?
helfen	Hilfst du im Garten?
mähen	Mähst du den Rasen?
putzen	Putzt du die Fenster?
spülen	Spülst du?
waschen	Wäschst du das Auto?

14a **2b** Hör zu! Was machen Martina und Rolf?

z.B. M a 1, ... R ...
Er/Sie räumt/deckt/füttert/hilft/mäht/putzt/spült/wäscht ...

2c Hör zu! Wie helfen sie im Haushalt? Machen sie das gern oder nicht? (1–6)
(✔) gern (–) es geht (✘) nicht gern
Wieviel Geld bekommen sie?

z.B. 1 a,g ✘ 15 DM

14b **2d** Zu zweit. Stellt euch gegenseitig die Fragen:
Wie hilfst du im Haushalt? Machst du das gern?
Bekommst du Geld dafür?

Ich helfe/mache/wasche ... Ich mache das (nicht) gern. Ich bekomme ...

14c **3a** Zu zweit. Welcher Text gehört zu welchem Bild?

z.B. a Matthias

Sie hilft mir bei meinen Hausaufgaben. *Helga*

Er kommt immer in mein Zimmer und stört mich. *Jörg*

Er will immer Fußball spielen. *Matthias*

Sie schaltet den Fernseher immer um. *Sven*

Sie trägt meine *Klamotten. *Susi*

*Klamotten – Kleidung (*slang*)

Er nervt mich, seine Musik ist immer zu laut. *Bianca*

14c **3b** Hör zu! Wer spricht? (1–6)

z.B. 1 Sven

Ich komme	gut nicht gut	mit meinem Bruder mit meiner Schwester	aus

14d **3c** Wie sieht es bei dir aus?
Kommst du gut mit deinen Geschwistern (deinem Freund/deiner Freundin) aus?
Warum (nicht)? Schreib es auf!

auf/räumen = *to tidy*

ich räume auf	wir räumen auf
du räumst auf	ihr räumt auf
er räumt auf	sie räumen auf
sie räumt auf	Sie räumen auf

Futur: ich werde aufräumen
Perfekt: ich habe aufgeräumt
Präteritum: ich räumte auf
Fragen: Räumst du auf?
Räumen Sie auf?

der Raum = *space* das Raumschiff = *spaceship*

Die Geschichte der Anne Frank

Anne Frank wurde am 12. Juni 1929 in Frankfurt geboren. Sie war Jüdin.

Die Nazis machten den Juden das Leben in Deutschland sehr schwer.

Adolf Hitler beschloß, die elf Millionen Juden in Europa in Konzentrationslager zu schicken. Annes Familie fuhr nach Amsterdam in Holland.

Jude/Jüdin = *Jew*
Nazis – Nationalsozialisten
schwer = *difficult*
beschloß (beschließen) = *decided*
Konzentrationslager = *concentration camps*
schicken = *to send*
fuhr (fahren) = *went*

Juden müssen einen Judenstern tragen.

Juden dürfen nicht mit der Straßenbahn fahren.

Juden müssen ihre Fahrräder abgeben.

Zum 13. Geburtstag bekam Anne ein Tagebuch von ihren Eltern.

PRINSENGRACHT

Die Nazis marschierten in Holland ein. Annes Familie war wieder in Gefahr.

Als sie 16 Jahre alt war, bekam Margot, Annes ältere Schwester, einen Brief. Sie sollte nach Deutschland in ein Arbeitslager gehen. Ihre Eltern hatten Angst. Sie wußten, daß sie nicht zurückkommen würde. Annes Vater versteckte die Familie und drei Freunde in einem kleinen Anbau zum Haus in der Prinsengracht, wo er arbeitete.

die Gefahr = *danger*
das Arbeitslager = *work camp*
Angst haben = *to be frightened*
zurückkommen = *to come back*
verstecken = *to hide*
der Anbau = *extension*

Tagsüber durften sie keinen Lärm machen und die Toilette nicht benutzen.

Anne schrieb ihre Probleme in ihr Tagebuch.

tagsüber = *all day long*
Lärm = *noise*
benutzen = *to use*
schrieb (schreiben) = *wrote*

Im August 1944 verriet jemand die Familie. Die Polizei kam. Sie brachte die Juden in Konzentrationslager. Sie kamen nach Auschwitz in Polen.

verriet (verraten) = *betrayed*
jemand = *someone*

Von dort schickten die Nazis Anne und Margot in das Lager Bergen-Belsen in Deutschland. Dort starben die beiden Schwestern. Einige Wochen später wurde das Lager befreit, aber für Anne und ihre Schwester war es zu spät.

starben (sterben) = *died*
befreien = *to free*

Annes Vater überlebte. Im Juni 1945 fuhr er nach Amsterdam zurück. Miep Gies gab ihm Annes Tagebuch, das sie gerettet hatte.

Das Tagebuch wurde später veröffentlicht und ist in etwa 60 Sprachen übersetzt worden.

überleben = *to survive*
fuhr zurück (zurück/fahren) = *returned*
retten = *to save*
veröffentlichen = *to publish*
übersetzen = *to translate*

Vervollständige die Sätze.

Anne Frank war
Sie wohnte mit ihrer Familie
Zu ihrem 13. Geburtstag bekam sie
Sie schrieb ihre Probleme
1944 kamen
Sie schickten die Familie

ein Tagebuch.
nach Auschwitz.
die deutschen Polizisten.
in ihr Tagebuch.
Jüdin.
in Amsterdam.

B Mein Zuhause

Ich wohne ...
... in einem **R**eihenhaus/**Ein**familienhaus/**Dop**pelhaus/
Wohnblock/**M**ehrfamilienhaus/**G**asthaus/**W**ohnwagen
... auf einem **B**auernhof
... in einer **St**adt/in einem **Do**rf/auf dem **La**nd/in den **Be**rgen
Ich wohne da (nicht) gern.

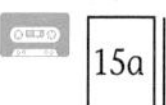

15a **1a** Hör zu! Wo wohnen sie? (1–6)

z.B. Er/Sie wohnt in/auf ...

15b **1b** Zu zweit. Vor- oder Nachteil? Was meint ihr?

z.B. A: „Man kann viel unternehmen"? Das ist ein Vorteil.
B: Stimmt. „Es gibt viel Verkehr"?

Es gibt:

a Man kann viel unternehmen **b** viel Verkehr **c** viel Schmutz **d** kein Kino **e** ein neues Hallenbad

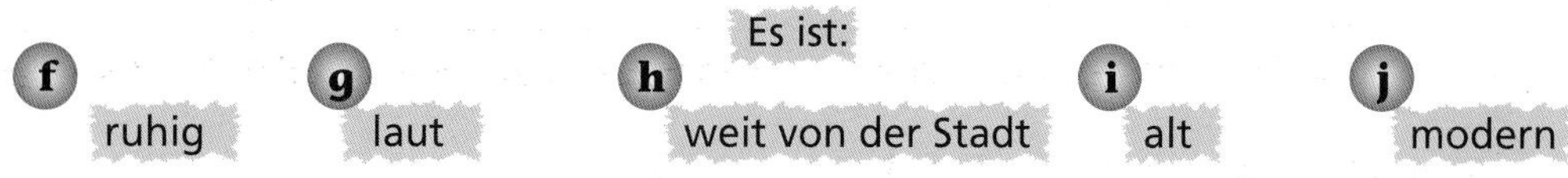

15c **1c** Hör zu! Wohnen sie da gern oder nicht? Warum? (1–6)

z.B. 1 Gern, a, j (Man kann viel unternehmen; das Haus ist modern.)

1d i. Zu zweit. Stellt euch gegenseitig die Fragen:
Wo wohnst du? Wohnst du da gern oder nicht? Warum?

ii. Schreib die Antworten auf!

Ich wohne ... Er/Sie wohnt ... usw.

2a Wer wohnt in welchem Haus?

z.B. Bernd wohnt im Haus …

Unser Haus ist ein Mehrfamilienhaus in einem Vorort der Stadt. Ich finde das Haus gut, weil wir einen großen Garten haben, wo wir im Sommer grillen können, aber was ich nicht so gut finde ist, daß wir zu weit von der Stadt entfernt sind. Außerdem gibt es hier nichts zu tun, und ich muß immer mit dem Bus in die Stadt fahren. Das kostet eine Menge Geld!

Bernd

Unser Haus ist ein zweistöckiges Doppelhaus in einem Ortsteil von Dortmund. Das Haus ist ziemlich alt und ein bißchen klein, aber ich wohne hier gern, weil immer viel los ist und das Haus nicht weit von der Schule und von meinen Freunden entfernt ist.

Tanja

Ich wohne in der Altstadt in einem alten Fachwerkhaus. Das Haus ist groß, aber wir haben keinen Garten und keine Garage, und die Zimmer sind klein. Das Auto muß auf der Straße stehen, und wir können nicht draußen sitzen, aber die Stimmung in der Innenstadt finde ich gut, es ist immer viel los.

Sebastian

Ilse

2b Zu zweit. Lest jeder einen Text vor.

2c Schreib einen Text für Ilses Haus.

z.B. Ilse wohnt in einem/einer …

2d Was sind die Vorteile und Nachteile ihrer Häuser?

z.B.

	Vorteile	Nachteile
Bernd:	das Haus hat einen Garten	das Haus ist zu weit von der Stadt entfernt …

15d

2e Bernd kommt zu Besuch. Schreib ihm einen Brief und erzähl ihm von deinem Haus.

Newtown, den 15. März

Lieber Bernd,

ich wohne … Es ist … Es gibt …

Wenn Du kommst, wirst Du bei mir/meinem Bruder schlafen.

Viele Grüße

B Mein Zuhause

Carolines Haus

Kennst du ein Wort nicht? Schau mal im Wörterbuch nach!

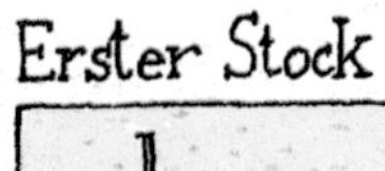

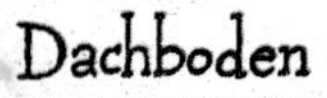

Dachboden
Erster Stock
Erdgeschoß
Keller

das Arbeitszimmer
das Badezimmer
der Balkon
die Dusche
das Elternschlafzimmer
die Eßecke
der Flur
die Garage
der Garten
das Gästezimmer
die Gästetoilette
der Keller
die Küche
das Schlafzimmer
die Terrasse
das Wohnzimmer

16a

3a Zu zweit. Wie heißen die Zimmer?

z.B. a ist die Terrasse

16a

3b Hör zu! In welchem Zimmer sind sie?

z.B. Vati ist im ...

Vati	Oma
Silke	Opa
Bernd	Tante Ilse
Jens	Onkel Heinrich

Mask.	**Fem.**	**Neutr.**
der Flur im Flur	die Küche in der Küche	das Zimmer im (Wohn)zimmer
der Balkon auf dem Balkon	die Terrasse auf der Terrasse	

3c Zu zweit. Stellt euch gegenseitig die Fragen:
In welchem Zimmer ...

i. ... ißt du?
ii. ... kochst du?
iii. ... schläfst du?
iv ... wäschst du dich?
v. ... machst du deine Hausaufgaben?
vi. ... siehst du fern?

Mein Zimmer

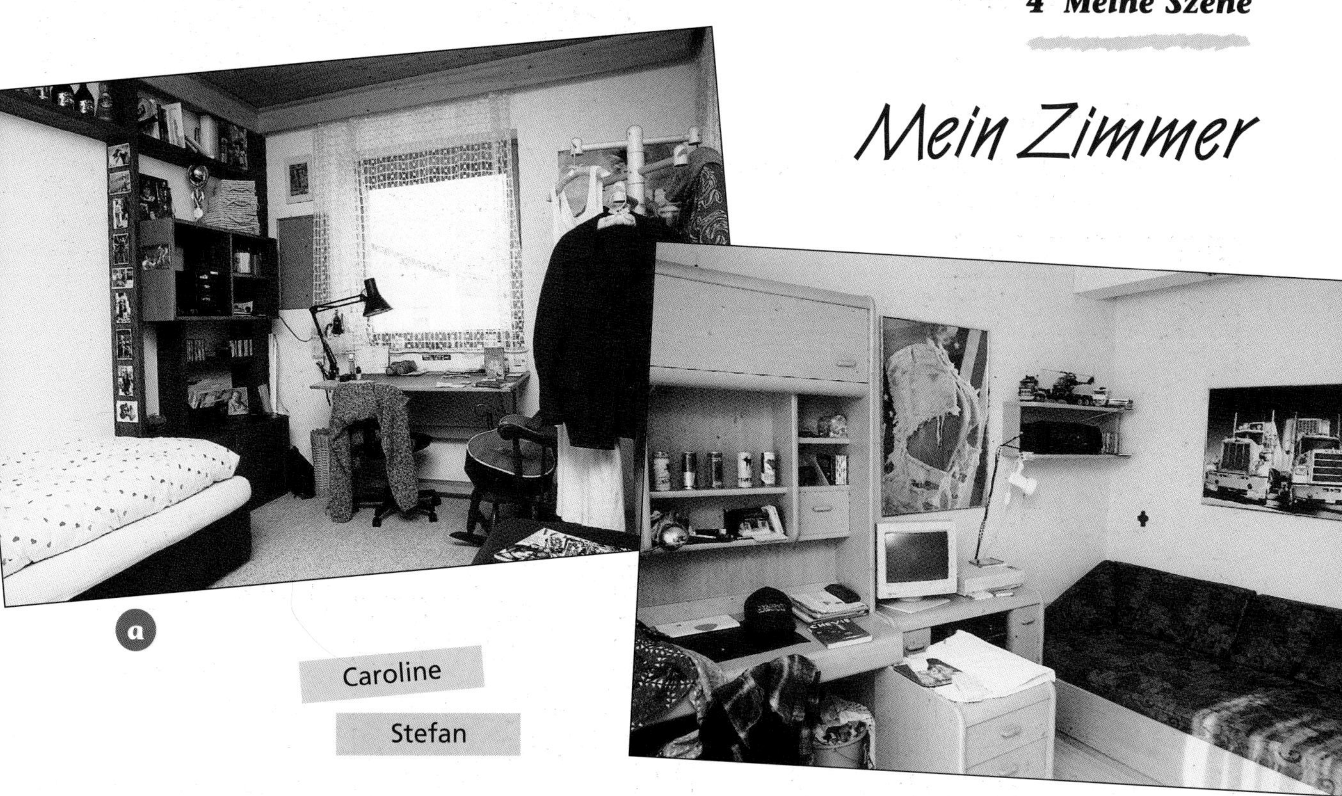

4a Hör zu! Wem gehört das Zimmer?

4b Zu zweit. Beschreibt das zweite Zimmer.

- Sein/Ihr Zimmer ist ziemlich klein/groß/ordentlich/unordentlich/...
- Die Tür/Das Bettzeug ist ...
- Die Wände/Vorhänge sind ...
- An der Wand sind Posters ...
- In seinem/ihrem Zimmer gibt es einen Tisch, einen Kleiderschrank, ein Bett, einen Stuhl, ein Bücherregal, einen Fernseher, einen Computer, ...

16c

4c Wie sieht dein Zimmer aus?
Schreib einen Bericht und nimm ihn auf Kassette auf:

Ich teile ein Zimmer mit meinem Bruder/meiner Schwester.
Ich habe ein eigenes Zimmer.
Mein Zimmer ist groß/... usw. In meinem Zimmer habe ich ...

wohnen = *to live*

ich wohne	wir wohnen
du wohnst	ihr wohnt
er wohnt	sie wohnen
sie wohnt	Sie wohnen

Futur: ich werde in ... wohnen = *I will live in ...*
Perfekt: ich habe in ... gewohnt = *I (have) lived in ...*
Präteritum: ich wohnte in ... = *I used to live in ...*
Fragen: Wo wohnst du? Wo wohnen Sie?

Wie lange wohnen Sie schon hier? = *How long have you lived here?*
Ich wohne hier seit acht Jahren. = *I've lived here for eight years.*

die Wohnung · die Mietwohnung · der Wohnwagen · das Wohnzimmer

Kontor = *office*
Lager = *stockroom*
vorderer Speicher = *front (attic) storeroom*
flaches Dach = *flat roof*
Gasherd = *gas cooker*
Anrichte = *sideboard*

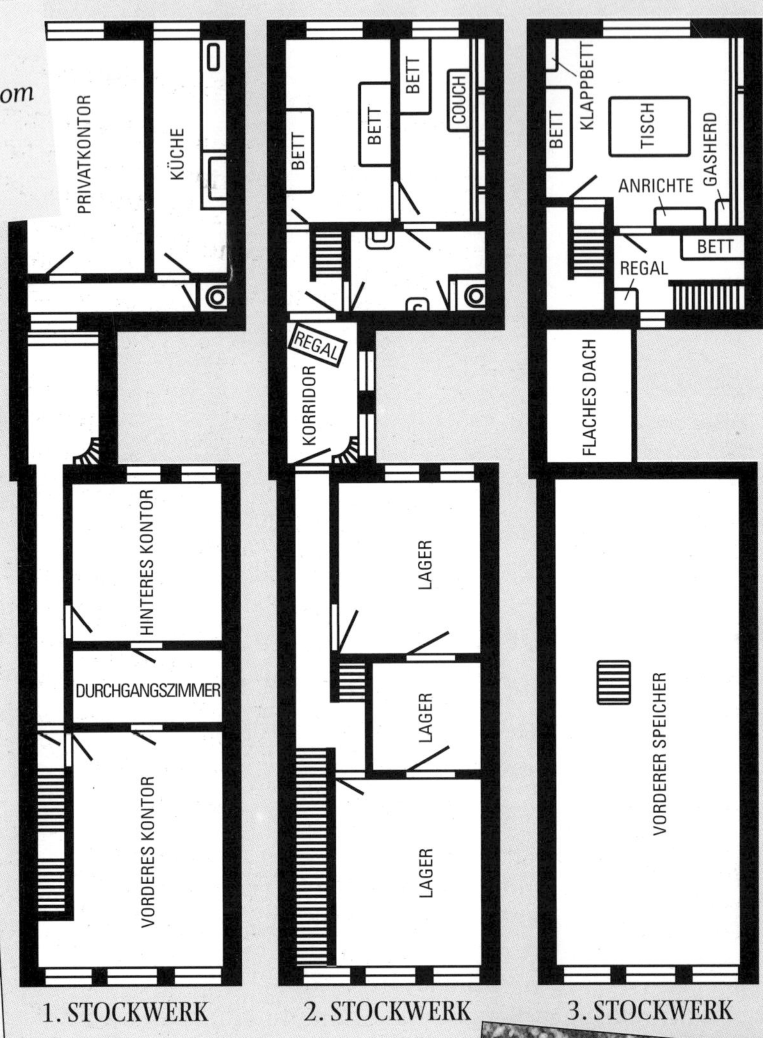

Das Drehregal

Anne Frank

Ein Besuch im Anne-Frank-Museum

Am Donnerstag war ich mit meiner Klasse in Amsterdam. Wir haben das Haus von Anne Frank besucht. Im Deutschunterricht hatten wir „Das Tagebuch der Anne Frank" gelesen. Anne Frank war ein jüdisches Mädchen, das sich während der Zeit des Nationalsozialismus mit seinen Eltern in Holland verstecken mußte.

besuchen = *to visit*
der Unterricht = *lesson(s)*
während der Zeit = *during the time*
verstecken = *to hide*

Das Haus ist zum großen Teil unverändert. Dort ist das Anne-Frank-Museum zu besichtigen. Wir Schülerinnen und Schüler gingen hinter unserer Klassenlehrerin durch einen engen Eingang und dann eine sehr schmale und steile Treppe hoch.

zum großen Teil = *for the most part*
unverändert = *unchanged*
gingen (gehen) hinter = *went behind*
durch = *through*
eng = *narrow*
schmal = *narrow*
steil = *steep*

Dann gingen wir durch den geheimen Durchgang hinter dem Drehregal in die Räume, wo Anne und die anderen gewohnt hatten. Es war schwer, sich vorzustellen, wie acht Menschen in so kleinen Zimmern wohnen konnten. Sie mußten den ganzen Tag stillbleiben, weil sie keinen Krach machen durften.

geheim = *secret*
der Durchgang = *passage*
das Drehregal = *revolving bookcase*
sich vor/stellen = *to imagine*
der Krach = *noise*

In Annes Zimmer waren an der Wand noch einige von ihren Bildern, von denen sie in ihrem Tagebuch berichtet hatte. Es war ein seltsames Gefühl, vor dieser Wand zu stehen und zu wissen, daß genau dort auf ihrem Bett Anne in ihr Tagebuch geschrieben und sich hier so oft in den Schlaf geweint hatte. *Die meisten von uns konnten kaum noch sprechen, so nahe ging uns dieses Erlebnis.

berichten = *to report, write about*
ein seltsames Gefühl = *a strange feeling*
genau dort = *exactly there*
geweint = *cried*
das Erlebnis = *experience*
**Most of us could hardly speak, we were so moved by the experience.*

Falsch oder richtig?

a Das Anne-Frank-Haus ist in Deutschland.
b Das Haus ist ein Museum.
c Anne hat im Erdgeschoß gewohnt.
d Die Zimmer sind ziemlich groß.
e Man kann das Bett von Anne immer noch sehen.

C Die Umgebung

Fulpmes in Tirol (Österreich)

Ich wohne in Fulpmes. Fulpmes ist ein großes Dorf im Stubaital. Das Stubaital ist ein schönes Tal in den Alpen in der Nähe von Innsbruck. Hierher kommen viele Touristen aus aller Welt. Im Sommer kommen sie zum Wandern in die schönen Berge, und im Winter kommen sie zum Skifahren, Snowboardfahren und Rodeln. Am Ende des Tales ist ein Gletscher, wo man auch im Sommer Ski fahren kann.

1a Zu zweit. Was für Sehenswürdigkeiten und Freizeitmöglichkeiten gibt es in Fulpmes und Umgebung?

Es gibt …

Mask. (der)	**Fem.** (die)	**Neutr.** (das)	**Pl.** (die)
einen Parkplatz keinen Bahnhof	eine Kirche keine Fußgängerzone	ein Museum kein Hallenbad	mehrere Hotels keine Theater

1b Hör zu! Verena wohnt in Fulpmes. Was meint sie? Was kann man machen? Was sind die Nachteile?

Man kann (nicht) …

2 Und bei euch?

i. Was gibt es ... und was fehlt?

ii. Was kann man machen? Und was kann man nicht machen?

Es gibt einen/eine/ein ... Es gibt keinen/keine/kein ...
Man kann (nicht) ...

Freizeitmöglichkeiten

das Freibad(¨er)	das Hallenbad(¨er)
der Fußballplatz(¨e)	die Sporthalle(n)
die Skipiste(n)	das Eisstadion(-stadien)

Sehenswürdigkeiten

die Kirche(n)	das Schloß(¨sser)	der Park(s)
das Museum (Museen)	die Burg(en)	der Berg(e)
der Wald(¨er)	der Turm(¨e)	der Fernsehturm(¨e)
der See(n)	der Hafen(¨)	der Fluß(¨sse)

3 Du hast eine Woche in Fulpmes verbracht.
Was hast du alles gemacht?

i. Mach eine Liste.

Ich habe ... gesehen. Ich bin (schwimmen) gegangen.
Ich habe (Fußball) gespielt.

ii. Schreib eine Postkarte an Sabine in Deutschland.
Wie war das Wetter?

Viele Grüße aus Salzburg!

Ich habe das Schloß besichtigt.

Das Wetter ist herrlich.

Das Essen ist prima!

Ich bin geschwommen und in die Disko gegangen.

Tschüs!

- sonnig
- kalt
- heiß
- windig
- es hat geregnet
- es hat geschneit

iii. Schreib einen Brief an Daniela
und erzähl ihr, was ihr alles
gemacht habt
und ob es
Spaß gemacht hat.

nehmen = *to take*

ich nehme	wir nehmen
du nimmst	ihr nehmt
er nimmt	sie nehmen
sie nimmt	Sie nehmen

unternehmen = *to undertake*

Futur: ich werde ... nehmen
Perfekt: ich habe ... genommen
Präteritum: ich nahm
Fragen: Nimmst du ... ?
Nehmen Sie ... ?

Freizeitbereich

A Freizeit

1a Zu zweit. Wie heißen die Freizeitmöglichkeiten?
Kennst du ein Wort nicht ...?

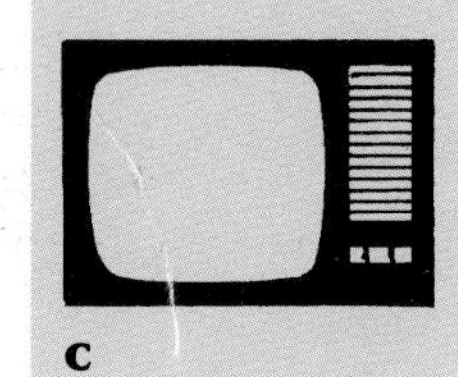

Basketball spielen	ins **Ki**no gehen	**sch**wimmen	**tan**zen
fernsehen	**kl**ettern	**seg**eln	**Tisch**tennis spielen
fotografieren	**M**usik hören	**Ski** fahren	**wa**ndern
Gitarre spielen	**p**aragleiten	**Snow**board fahren	**wind**surfen
Kajak fahren	**r**eiten	**Stadt**bummel machen	**zelt**en

1b Hör zu! Was machen sie gern (2), was machen sie nicht gern (1), und was würden sie gerne probieren (1)? (1–5)

z.B. 1 ✔ B, ... ✘ ... ? ...

1c Zu zweit. Stellt euch gegenseitig die Fragen: Was machst du gern? Was machst du nicht gern? Was würdest du gern probieren? Schreibt die Antworten auf.

z.B. Ich mache/spiele/fahre (nicht) gern ... .
Er/Sie macht/spielt/fährt (nicht) gern ... .
Ich/Er/Sie würde gern ... probieren.

17d

2a Wie hießen die Fragen?

a Spielst du gern Tennis?
b Fährst du gern Rad?
c Schwimmst du gern?
d Siehst du gern fern?
e Tanzt du gern?
f Liest du gern?
g Hörst du gern Musik?
h Spielst du ein Instrument?
i Was machst du sonst noch gern?

1 Ja, ich sehe am liebsten Serien.
2 Ja, Gitarre.
3 Ja, ich gehe mit meiner Freundin in die Tanzschule.
4 Radfahren kann ich nicht leiden.
5 Faulenzen und mich mit meinen Freunden treffen.
6 Nein, ich bin nicht so sehr sportlich.
7 Ja, besonders in einem Freibad.
8 Ein spannendes Buch, ja.
9 Ja, Musik höre ich immer gern.

2b **i.** Wähl vier Beschäftigungen, die du magst, und schreib sie verdeckt auf.

z.B. Schwimmen, Radfahren, ...

verdeckt = *hidden*

ii. Zu zweit. Stellt euch gegenseitig Fragen und findet heraus, was der Partner bzw. die Partnerin ausgewählt hat.

z.B. A: Spielst du ein Instrument? B: Nein.
A: Siehst du gern fern? B: Auch nicht ...

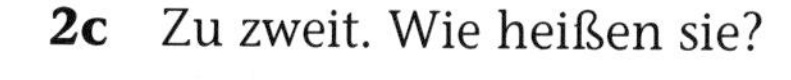

2c Zu zweit. Wie heißen sie?

In meiner Freizeit gehe ich am liebsten ins Kino. Ich sehe am liebsten Abenteuerfilme. **Iris**

Ich spiele gern Ballsportarten wie Fußball, Basketball, Tennis, usw. und bin ein Fan von Bayern München. **Harald**

Ich bin ein Wintersportfan. Ich fahre am liebsten Snowboard, und abends gehen wir auch Schlittschuh laufen. **Hannelore**

Ich habe ein eigenes Pferd und gehe zweimal in der Woche und am Wochenende reiten. **Anke**

Meine Lieblingsfreizeitbeschäftigung ist – nichts ... Ich fahre Mofa und hänge mit Freunden rum, oder wir gehen in eine Kneipe. **Georg**

Das einzige Fußballspiel, das ich spiele, ist Tischfußball. **Franz**

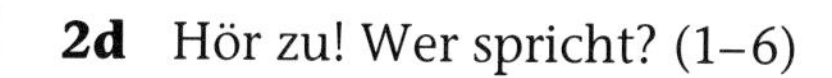

2d Hör zu! Wer spricht? (1–6)

Heute …

Nach der Schule gehe ich heute gleich in die Stadt und treffe mich mit meinen Freunden. Wir essen bei McDonalds und gehen danach ins Kino. Nach dem Kino gehen wir Schlittschuh laufen. Ich muß spätestens um halb neun wieder zu Hause sein, um meine Hausaufgaben zu machen, bevor ich ins Bett gehe.

Corinna

Heute mache ich meine Hausaufgaben, dann übe ich Klavier, gehe mit dem Hund raus, esse zu Abend, räume den Tisch ab, gucke ein bißchen Fernsehen und gehe dann schon um neun Uhr ins Bett, weil ich so früh aufstehen muß.

Torsten

18a **3a** Feierabend. Was machen sie heute, wenn die Schule aus ist? Bring die Bilder in die richtige Reihenfolge.

3b Zu zweit. Lest jeder einen Text vor!

18b **3c** Zu zweit. Stellt euch gegenseitig die Frage: Was machst du heute abend?

z.B. Heute abend mache/gehe/spiele/höre/usw. ich…

Und letztes Wochenende …

> Samstag nachmittag bin ich mit meinem Vater zum Fußballspiel gegangen, und am Abend war ich mit meinen Eltern in einem Restaurant zum Essen eingeladen. Sonntag habe ich für eine Klassenarbeit geübt und mit meinem Bruder ein Video geguckt und dann noch ein bißchen gelesen.
>
> Torsten

> Samstag habe ich mit meinem Freund einen Stadtbummel gemacht. Dann haben wir bei mir ein bißchen Musik gehört und gelesen, und abends sind wir mit der Clique in die Eisdiele gegangen, weil Marion Geburtstag gefeiert hat. Sonntag haben wir im Park herumgehangen und haben ein bißchen mit den Jungs geflirtet. Abends habe ich noch für die Schule geübt und bin dann ziemlich früh ins Bett gegangen.
>
> Corinna

18c

4a Was haben sie am Wochenende gemacht?

z.B. Torsten ist (zum Fußballspiel gegangen). Dann hat er …
Corinna hat (einen Stadtbummel gemacht). Danach hat sie …

4b Zu zweit. Lest jeder einen Text vor!

18d

4c i Zu zweit. Stellt euch gegenseitig die Fragen:
Was hast du gestern/am letzten Wochenende gemacht?

Gestern Am Wochenende	habe ich hat er/sie	… gemacht,
und	ich bin er/sie ist	… gegangen.

ii Schreib die Antworten auf!

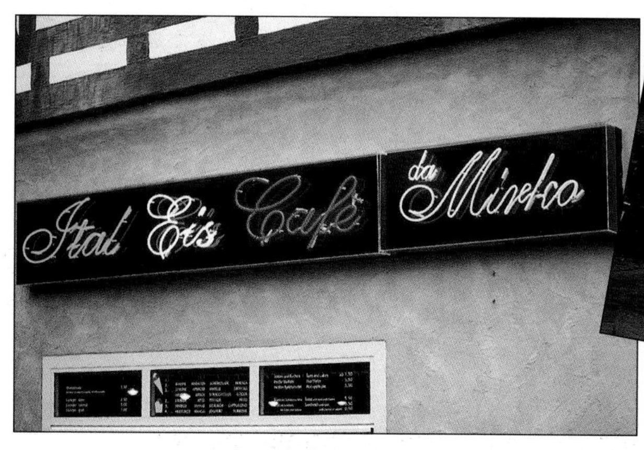

rad/fahren = *to ride a bike*

ich fahre Rad	wir fahren Rad
du fährst Rad	ihr fahrt Rad
er fährt Rad	sie fahren Rad
sie fährt Rad	Sie fahren Rad

Futur: Wir werden radfahren.
Perfekt: Ich bin radgefahren.
Präteritum: Ich fuhr Rad.
Fragen: Fährst du Rad? Fahren Sie Rad?

Fußball

Fußball ist die populärste Sportart in der Bundesrepublik. Fast jeder Ort hat einen eigenen Fußballverein.

der Ort = *place/town*
eigen = *own*
der Verein = *club*

Der erste Fußballverein Deutschlands wurde 1878 in Hannover gegründet. (Die Football Association in England wurde schon fünfzehn Jahre früher, im Jahre 1863, gegründet.) Die ersten Weltmeisterschaften fanden 1930 in Uruguay statt, und die Nationalmannschaft Uruguay gewann.

wurde gegründet = *was founded*
schon = *already*
früher = *earlier*
Weltmeisterschaften = *world championships*
fanden statt (stattfinden) = *took place*
die Mannschaft = *team*

der Schiedsrichter

die deutsche Mannschaft 1993

der Linienrichter

das Tor

der Torwart

die Tribüne

Steckbrief

Name: Jürgen Klinsmann

Position: Stürmer

Geburtsdatum/-ort: 30. Juli 1964 in Göppingen

Sternzeichen: Löwe

Größe/Gewicht/Schuhgröße: 1,81m/76kg/44

Spitzname: „Klinsi"

Familie: Vater Siegfried (Bäckermeister), Mutter Martha, 3 Brüder

Schulabschluß: Mittlere Reife

Erlernter Beruf: Bäcker

Hobbys: Musik, Reisen, Sprachen

Mein Lebensmotto/Wahlspruch: „Take it easy!"

Wovor ich große Angst habe: vor Krankheiten und Krieg

Von welchem Beruf ich als kleiner Junge geträumt habe: Pilot

Mein liebstes Kleidungsstück: Jeans

Lieblingsmusik: Reggae, Rock und italienische Musik

Worüber ich Tränen lachen kann: über den Film „Das Dschungelbuch"

Lieblingsstadien: Olympiastadion (Bayern-München),
San Siro (Mailand/Italien),
White Hart Lane (Tottenham/London),
Anfield (Liverpool).

Mein liebstes Urlaubsziel: Amerika

Ein kleiner Junge sitzt auf der Ehrentribüne.
Der Herr, der neben ihm sitzt, fragt überrascht: „Woher hast du denn die Karte?"
„Von meinem Vater."
„Und wo ist dein Vater?"
„Zu Hause."
„Was macht er dort?"
„Er sucht die Karte!"

Bist du ein Fußballfan? Welche Fußballmannschaft unterstützt du?
Hast du eine Lieblingsmannschaft und einen Lieblingsspieler?

B Einen Ausflug machen

Klassenfahrt nach München

Montag

Bis 16 Uhr Anreise in der Jugendherberge

17 Uhr Willkommen und Erklärung der Hausordnung durch den Herbergsvater

18 Uhr Abendessen

Dienstag

7.30 Uhr Frühstück

9.30 Uhr Stadtbesichtigung – Dauer ca. 2 Stunden

12 Uhr Mittagessen in der JH

13 Uhr Abfahrt nach Starnberg und zum Starnberger See

14 Uhr Schiffsfahrt auf dem See

18 Uhr Abendessen

Mittwoch

7 Uhr Frühstück

8 Uhr Abfahrt zum Erlebnisbad Alpamare in Bad Tölz

16 Uhr Abfahrt vom Alpamare

18 Uhr Mittagessen

Donnerstag

7.30 Uhr Frühstück

9 Uhr Abfahrt zum Deutschen Museum

9.30 Uhr Beginn der Führung – Dauer ca. 2 Stunden

12.30 Uhr Mittagessen

13.30 Uhr Abfahrt zu den Bavaria-Film-Studios – Dauer ca. 1,5 Stunden

18 Uhr Abendessen

Freitag

7.30 Uhr Frühstück

9 Uhr Abfahrt zum Olympiapark

9.30–11.30 Uhr Besuch des Parks. Dauer 2 Stunden

Lunchpakete zum Mitnehmen

Heimreise

Abends nach freier Verfügung. Freizeitbereich in der Jugendherberge: Bar, Tischtennis, Billard, Brettspiele, Unterhaltungs-, Fernseh- und Videoräume vorhanden.

f Heute sind wir im Freibad geschwommen. Das Wetter war sehr heiß, und ich habe einen starken Sonnenbrand gekriegt. Jetzt habe ich entsetzliches Kopfweh.

g Wir haben viele interessante Filmsets gesehen, und es gab auch eine Stuntshow, die ganz lustig war.

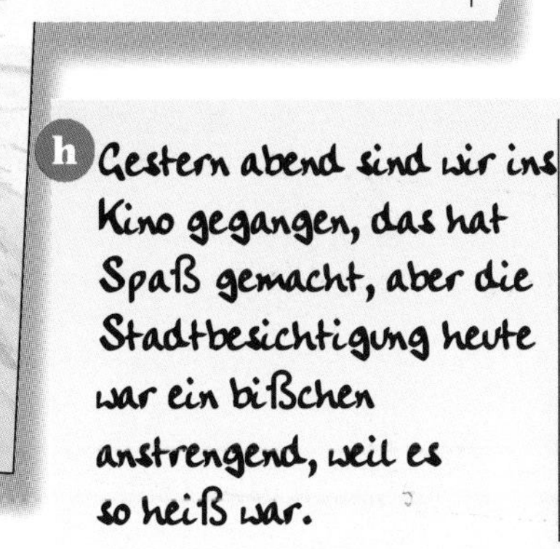
h Gestern abend sind wir ins Kino gegangen, das hat Spaß gemacht, aber die Stadtbesichtigung heute war ein bißchen anstrengend, weil es so heiß war.

i Den Park fand ich ein bißchen langweilig, weil an dem Tag nicht viel los war.

j Heute früh sind Peter und Sabine abgehauen. Sie wollten nicht ins Museum gehen. Wir mußten eine Stunde vor dem Museum warten, und heute abend haben wir Stubenarrest. Wir dürfen unsere Zimmer nicht verlassen.

abhauen (ugs) = *to clear off, disappear (slang)*
Stubenarrest = *(lit. room arrest) confined to room*

19a **1a** Welcher Tag war es?

z.B. **a** Es war …

19b **1b** Hör zu! Was hat ihnen am meisten Spaß gemacht? Welcher Tag? (1–6)

z.B. 1 Mi, Schwimmen

Eine Reise durch Deutschland und Österreich

a Wir sind mit dem Schiff nach Hamburg gekommen.
b Wir sind nach Hause geflogen.
c Wir sind mit dem Zug nach Salzburg gefahren.
d Wir sind mit dem Schiff den Rhein runter nach Mainz gefahren.
e Wir sind mit dem Bus nach Köln gefahren.
f Wir sind weiter mit dem Zug nach Innsbruck gefahren.
g Wir sind mit dem Zug nach Garmisch-Partenkirchen gefahren.
h Wir haben den Hafen besichtigt.
i Wir haben den Dom besichtigt.
j Wir sind mit der Seilbahn auf die Zugspitze hochgefahren.
k Wir haben das Schloß (die Festung) besichtigt.
l Wir haben eine Wanderung in den Alpen gemacht.
m Wir haben auf einem Campingplatz gezeltet.
n Wir haben in einem Hotel übernachtet.
o Wir haben in einer Jugendherberge geschlafen.
p Wir konnten machen, was wir wollen.

20

2a Zu zweit. **i.** Bringt die Sätze in die richtige Reihenfolge.

z.B. a, h, ...

ii. Schreibt einen Text und lest ihn vor.

Am ersten/zweiten/nächsten/letzten Tag sind/haben wir ...
Dann sind/haben wir ...

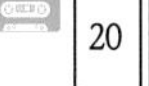

20

2b Hör zu! Wie war das Wetter? (Tag 1–Tag 9)

a

es hat geregnet

b

es war heiß und sonnig

c

es gab ein Gewitter

d

es war kalt und windig

e

es war heiter

f
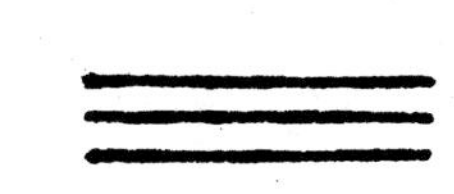
es war neblig

2c Du bist mitgefahren. Schreib zwei der folgenden:

i. einen Brief an deine Eltern
ii. einen Bericht auf deutsch für die Schülerzeitung
iii. eine Postkarte an deinen besten Freund/deine beste Freundin
iv. eine Seite in deinem Tagebuch
v. ein Lied oder einen Rap

Verbs saying what I and we did.

an/kommen	ich bin/wir sind in (Hamburg)	angekommen	*I/we arrived at*
ab/fahren	ich bin/wir sind nach (Köln)	abgefahren	*I/we left for*
fahren	ich bin/wir sind nach (Salzburg)	gefahren	*I/we went to (by transport)*
fliegen	ich bin/wir sind nach (Berlin)	geflogen	*I/we flew to*
gehen	ich bin/wir sind zum (See)	gegangen	*I/we went to (on foot)*
haben	ich habe/wir haben (Spaß)	gehabt	*I/we had*
machen	ich habe/wir haben (einen Ausflug)	gemacht	*I/we 'made' a trip*
übernachten	ich habe/wir haben in (einem Hotel)	übernachtet	*I/we stayed in*

Lesefutter

Feiertage

A Wann feiert man? Ordne die Feiertage den Daten zu!

Ostern | Weihnachten | Silvester | 1. Advent | Karneval/Fasching | Tag der deutschen Einheit | Nikolaus | Heiligabend

24. Dez. | 31. Dez. | 25. Dez. | 12. Apr. | 24. Feb. | 3. Okt. | 1. Dez. | 6. Dez.

B Was feiert man?

a
Der Osterhase kommt und versteckt viele bunte Eier im Garten, und wir müssen sie suchen. Wir bekommen auch viele Schokoeier und andere Süßigkeiten.

b
Am Samstag verkleiden wir uns, tragen Masken und gehen zum Maskenball. Am Montag gehen wir in die Stadt und sehen uns den Rosenmontagszug an.

c
Wir bekommen schulfrei, um die Wiedervereinigung Deutschlands zu feiern.

d
Wir stellen unsere Schuhe vor die Tür, und am nächsten Morgen sind sie voller Bonbons und Süßigkeiten.

Am ersten Sonntag im Advent zünden wir die erste Kerze am Adventskranz an, und am ersten Dezember machen wir die erste kleine Tür in unserem Adventskalender auf.

Heiligabend. Das Christkind kommt und bringt die Geschenke. Es gibt ein Festessen, wir gehen in die Kirche, und danach packen wir die Geschenke aus.

Silvester. Um Mitternacht feiern wir mit Knallbonbons. Die Kirchenglocken läuten, und man zündet Feuerwerk an. Wir trinken Sekt und sagen „Prosit Neujahr".

C Erzähl einem deutschsprachigen Freund/einer deutschsprachigen Freundin, wie du deinen Geburtstag oder ein Fest feierst.

Wir bereiten ein großes Essen vor.

Wir gehen ins Restaurant.

Ich gebe eine Party.

Wir zünden Feuerwerk an.

Wir tanzen und singen.

Wir spielen Karten und Brettspiele.

Wir laden Freunde ein.

C Steckbrief

Steffi Graf

Geburtsort: Brühl

Geburtstag: 14.06.1969

Ausbildung/Beruf: Tennisprofi

Hobbys: Musik, Lesen, Fotografieren, Kartenspielen

Haustiere: Hunde

Verein: RW Berlin

Begann Tennis zu spielen: 1974 mit 4 Jahren

Größe: 1,75m.

Mit vier Jahren begann Steffi Tennis zu spielen. Ihr Vater war ihr Trainer.

Mit 13 Jahren war sie deutsche Juniorenmeisterin und konnte sich das erste Mal auf der Weltrangliste plazieren.

1985: Platz 22 auf der Weltrangliste, rückte aber im gleichen Jahr unter die Top Ten auf.

1987–1991: Weltranglistenerste

1988/1989: Wimbledon-Gewinnerin

1990: Wimbledon Halbfinale

1991/1992/1993/1995 Wimbledon-Gewinnerin

1 Schreib einen Artikel über Steffi Graf für eine Schülerzeitung.

- Sie wurde im Jahre ... in... in Deutschland geboren.
- Ihr Geburtstag ist am ...
- Ihr Beruf ist ...
- Ihre Hobbys sind ...
- Ihre Lieblingshaustiere sind ...
- Mit ... Jahren hat sie mit Tennisspielen begonnen.
- Mit ... Jahren ist sie ... geworden , und sie konnte sich auf ... plazieren.
- Im Jahre 1985 ist sie unter die ... aufgerückt.
- Von 1987 bis 1991 war sie ...
- Im Jahre ... hat sie Wimbledon gewonnen.

Jan Pfefferling, Gitarrist bei der Gruppe: Rettet die Bäume!

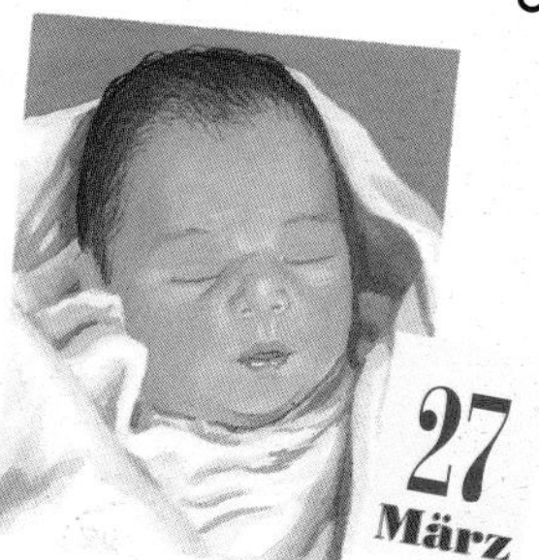

Hamburg 75

9 Jahre alt

Waldi, unser Rauhhaardackel

Meine erste Gruppe – The New Sounds!

Bei der Arbeit

Und die Freizeit

Mein Lieblingsessen!

Die Gruppe heute: Die erste CD 1993

2a Schreib den Steckbrief ab und fülle ihn aus!

Name: ....
Geburtsort: ....
Geburtstag: ....
Familie: ....
Ausbildung: ....
Hobbys: ....
Lieblingsgericht: ....
Lieblingsgetränk: ....
Haustiere: ....
Erste Gruppe: ....
Zweite Gruppe: ....

2b Schreib einen Artikel über Jan.

Er ist ... Er hat ... Er wohnt ... Sein(e) ...

der Unfall = *accident*
die Masern = *measles*

Als ...

Als Steffi (vier) Jahre alt war, hat sie mit Tennisspielen begonnen.
Als sie (...) Jahre alt war, ist sie deutsche Juniorenmeisterin geworden.
Als sie (...) Jahre alt war, ist sie in die Top Ten aufgerückt.
Als sie (...) Jahre alt war, ist sie Weltranglistenerste geworden.
Als sie (...) Jahre alt war, hat sie Wimbledon gewonnen.

Als ich ... Jahre alt war, habe ich einen Unfall/Masern gehabt
bin ich nach ... gefahren

Gesundheitsmagazin

A Der Körper

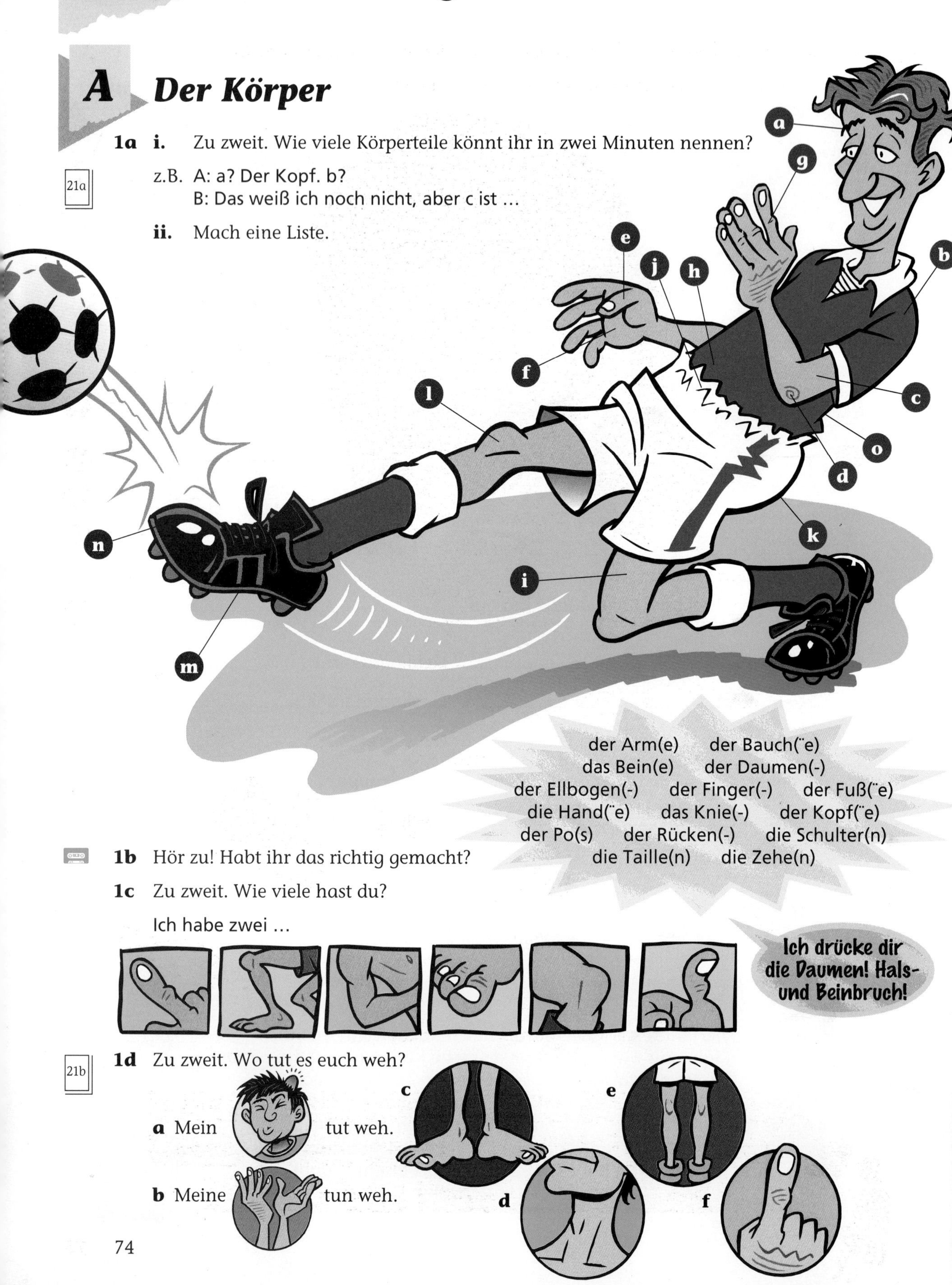

1a **i.** Zu zweit. Wie viele Körperteile könnt ihr in zwei Minuten nennen?

21a

z.B. A: a? Der Kopf. b?
B: Das weiß ich noch nicht, aber c ist ...

ii. Mach eine Liste.

der Arm(e) der Bauch(¨e)
das Bein(e) der Daumen(-)
der Ellbogen(-) der Finger(-) der Fuß(¨e)
die Hand(¨e) das Knie(-) der Kopf(¨e)
der Po(s) der Rücken(-) die Schulter(n)
die Taille(n) die Zehe(n)

1b Hör zu! Habt ihr das richtig gemacht?

1c Zu zweit. Wie viele hast du?

Ich habe zwei ...

1d Zu zweit. Wo tut es euch weh?

21b

a Mein tut weh.

b Meine tun weh.

c

d

e

f

2a Der Kopf und das Gesicht. Was gehört dazu? Kennst du ein Wort nicht ... ?

z.B. A: a? Das weiß ich nicht. B: Das Haar. Und b ist ...

2b Wie heißen die Gegenstände? Bildet Wörter!

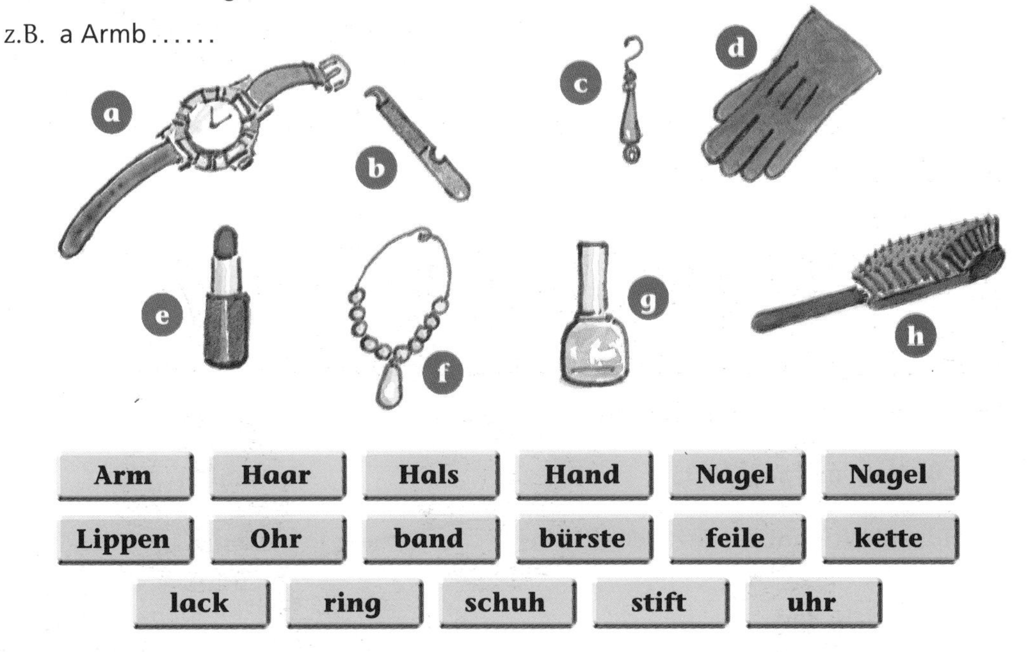

Arm	Haar	Hals	Hand	Nagel	Nagel
Lippen	Ohr	band	bürste	feile	kette
lack	ring	schuh	stift	uhr	

A Der Körper

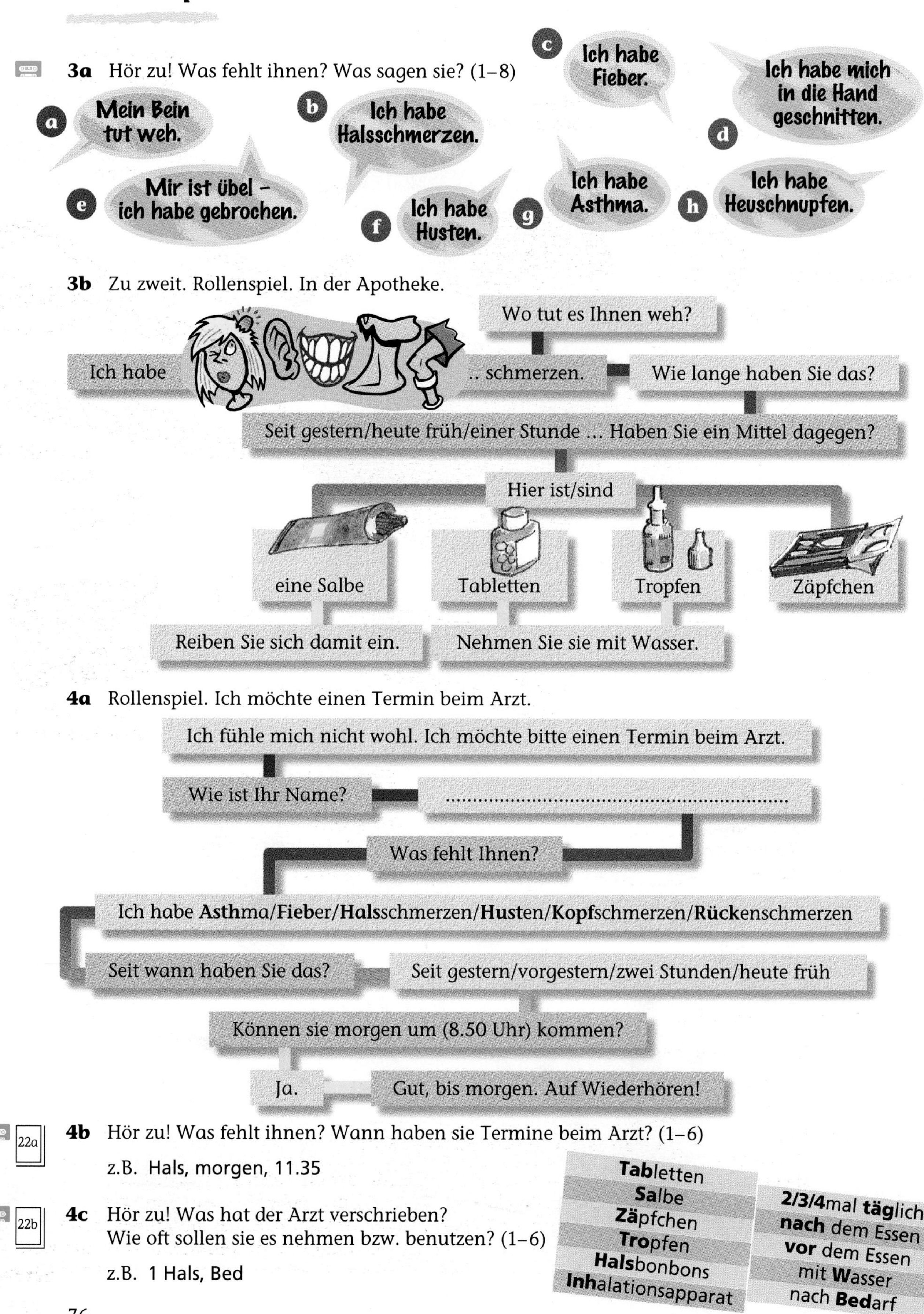

3a Hör zu! Was fehlt ihnen? Was sagen sie? (1–8)

3b Zu zweit. Rollenspiel. In der Apotheke.

4a Rollenspiel. Ich möchte einen Termin beim Arzt.

22a **4b** Hör zu! Was fehlt ihnen? Wann haben sie Termine beim Arzt? (1–6)

z.B. Hals, morgen, 11.35

22b **4c** Hör zu! Was hat der Arzt verschrieben? Wie oft sollen sie es nehmen bzw. benutzen? (1–6)

z.B. 1 Hals, Bed

Wir fahren weg. Was nehmen wir mit?

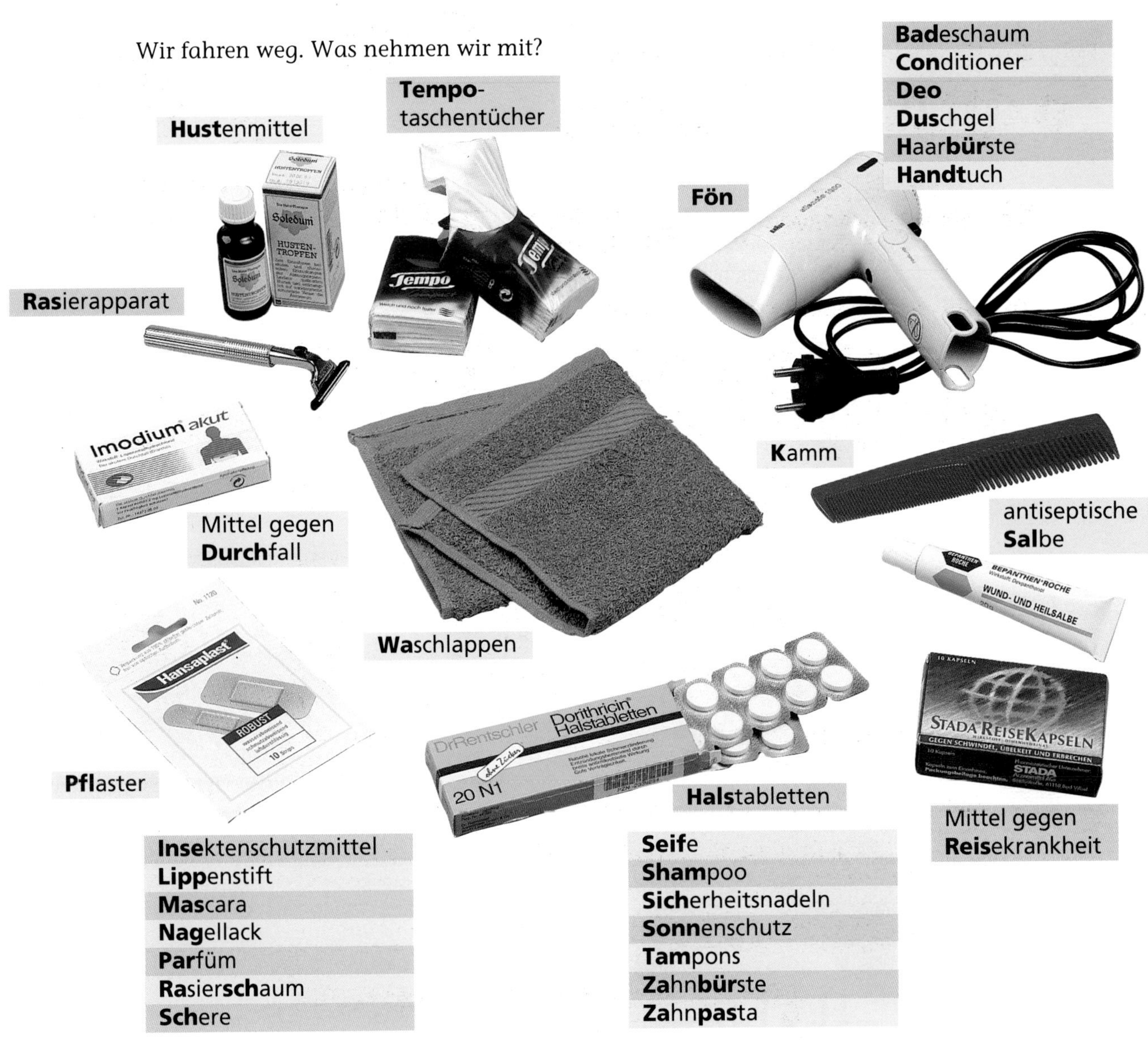

5a Was würdest du mitnehmen? Du darfst zehn Gegenstände auswählen:

z.B. i. Deo, ...

i. Schüleraustausch: zwei Wochen nach Deutschland

ii. Sporturlaub: zwei Wochen auf einem Campingplatz

iii. Abenteuerreise: zwei Wochen Trekking im Himalaja

iv. Zwei Wochen in einem Hotel an der Costa Brava

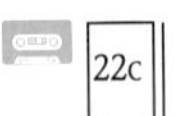

5b Hör zu! Was haben sie vergessen? (1–5)

z.B. 1 Bad, ...

Ich fühle mich nicht wohl ...

Wie geht es dir/Ihnen? Was fehlt dir/Ihnen? Hast du/Haben Sie Fieber? Wo tut es weh?	Mir geht es (nicht) gut/schlecht. Ich habe Fieber/Magenschmerzen. Mir ist kalt/heiß. Ich bin immer müde. Mein Rücken tut weh/Meine Füße tun weh.

Haut ...

Ich habe viele Pickel im Gesicht und auf dem Rücken. Meine Mutter sagt, daß ich sie nicht ausdrücken soll. Ich wasche mich mit Pickelfrei, aber das hilft nicht. Ich gehe nicht mehr mit meinen Freunden aus, weil sie mich auslachen. **Tobias**

Lieber Tobias,

das hängt bestimmt mit Deinem Alter zusammen. Du bist nicht allein. Viele andere junge Leute haben auch dieses Problem. Hier sind ein paar Tips: Du könntest: viel Wasser trinken, frisches Obst essen, extra Vitamin C nehmen oder auch eine Salbe aus der Apotheke benutzen.

Reinhautbalsam

Was hilft gegen Pickel und unreine Haut? Gegen Mitesser und hartnäckige Pickel benutzen Sie Reinhautbalsam. Reinhautbalsam desinfiziert und reinigt die Haut.

Pickelmittel – Hautklar

Hast du Pickel? Benutze: Hautklar! Die neueste antibakterielle Seife bekämpft Pickel und Mitesser.

hartnäckig = *stubborn*
Mitesser = *blackhead*
reinigen = *to cleanse*
desinfizieren = *to disinfect*
bekämpfen = *to fight*

A Schreib eine Werbung für ein Mittel gegen Pickel.

z.B. Pickelweg! – das neueste Mittel gegen Pickel und Mitesser ...
Waschen Sie jeden Tag die Haut mit Pickelweg ...
und die Pickel sind gleich weg!

… und Haar

Nicht nur die Haut, sondern auch die Haare sind ein Barometer unseres Wohlbefindens. Manchmal ist das Haar glänzend und voller Spannkraft, dann wieder ist es stumpf und ohne Schwung. Verwöhnen Sie Ihr Haar einfach mal mit selbst hergestellten Rezepturen auf Basis von Milchprodukten.

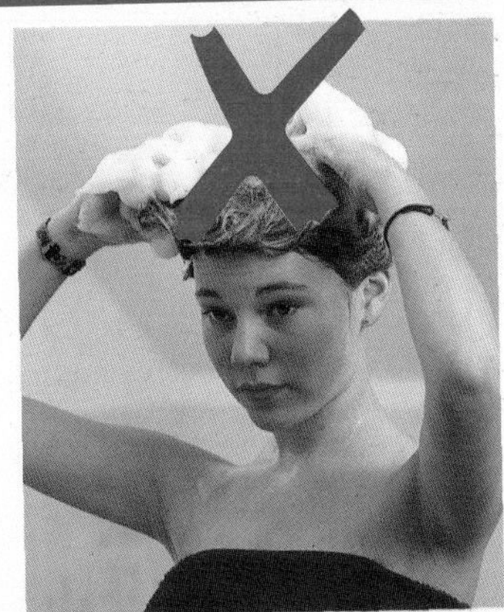

Der Schaum ist schön, aber nicht so wichtig wie die Pflegesubstanzen, die dem Haar beim Waschen gut tun.

Wohlbefinden = *wellbeing*
glänzend = *shining*
die Spannkraft = *vigour*
stumpf = *dull*
verwöhnen = *to spoil*
selbst hergestellt = *home-made*
Rezeptur = *mixture (based on recipe)*

Gegen fettiges Haar – Buttermilch-Rosmarin-Shampoo

eine Tasse Buttermilch
eine Tasse Rosmarinwasser
ein Eßlöffel Kindershampoo

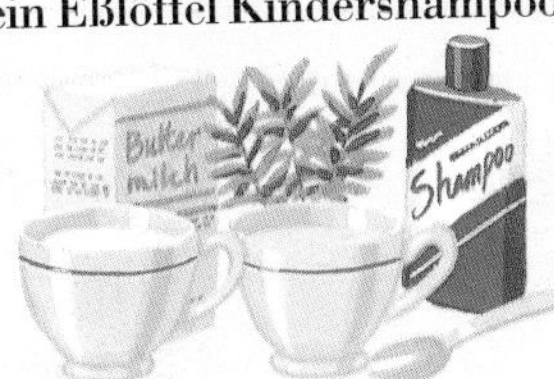

Gegen trockenes Haar – Buttermilch-Kamillen-Shampoo

halbe Tasse Buttermilch
eine Tasse Kamillentee
ein Eßlöffel Kindershampoo

Für normales Haar – Kräuter-Shampoo

eine Tasse Kräuterwasser
eine Tasse Milch
ein Eßlöffel Kindershampoo

Die Haare werden angefeuchtet

und mit der gewünschten Mischung eingerieben.

Nach leichtem Einmassieren gut abspülen.

B Wie sieht es bei dir aus?
Hast du fettiges, trockenes oder normales Haar?
Welches Shampoo solltest du benutzen?

B Iß dich fit!

1a Zu zweit. Nahrungsmittel.

23a

i. Schreibt die Titel ab und füllt die Listen aus!
Kennt ihr ein Wort nicht? Schaut mal im Wörterbuch nach!

Fisch	Fleisch	Gemüse	Obst	Milchprodukte	Sonstiges
	Aufschnitt				

	Gurken	
Aufschnitt	Hackfleisch	Möhren
Bohnen	Hähnchen	Rindfleisch
Brot	Hering	Salat
Butter	Kartoffeln	Schinken
Eier	Käse	Schweinefleisch
Erbsen	Knoblauch	Tomaten
Forelle	Lachs	Wurst
Joghurt	Leberwurst	Zwiebeln
	Mehl	

ii. Findet noch fünf Nahrungsmittel und tragt sie in die Tabelle ein.

z.B. A: Wie heißen „corn flakes" auf deutsch? B: Cornflakes!
A: Wo kommen sie in der Tabelle hin? B: Sonstiges.

1b i. Schreib die Antworten auf:

a. Was für Obstsorten und Gemüsesorten ißt du gern, und was ißt du nicht gern?

Ich esse gern ..., und ich esse nicht gern Spinat.

b. Was für Fleischgerichte ißt du gern?

Ich esse am liebsten Hamburger/Steak/Schaschlik/Wurst/...
Ich esse kein Fleisch.

c. Ißt du gern Fisch?

Nein/Ja, ich esse (nicht) gern Fisch.

d. Ißt du gern Joghurt? Ißt du gern Eis?
Welchen Geschmack?

Ja/Nein. Ich esse (nicht) gern Joghurt/Eis.
(Erdbeer) ist mein Lieblingsgeschmack.

ii. Zu zweit. Stellt euch gegenseitig die Fragen **a–d**.

A: Was für Obstsorten ... ?

Die Mahlzeiten

23b

2a Hör zu! Was essen und trinken sie zum Frühstück? (1–6)

z.B. Nummer 1 trinkt … und ißt …

2b Zu zweit. Stellt euch gegenseitig die Frage:
Was ißt und trinkst du zum Frühstück? Schreibt die Antworten auf.

Ich esse/trinke … Er/Sie ißt/trinkt …

2c Was haben sie gefrühstückt? z.B. Petra hat … gegessen und … getrunken.

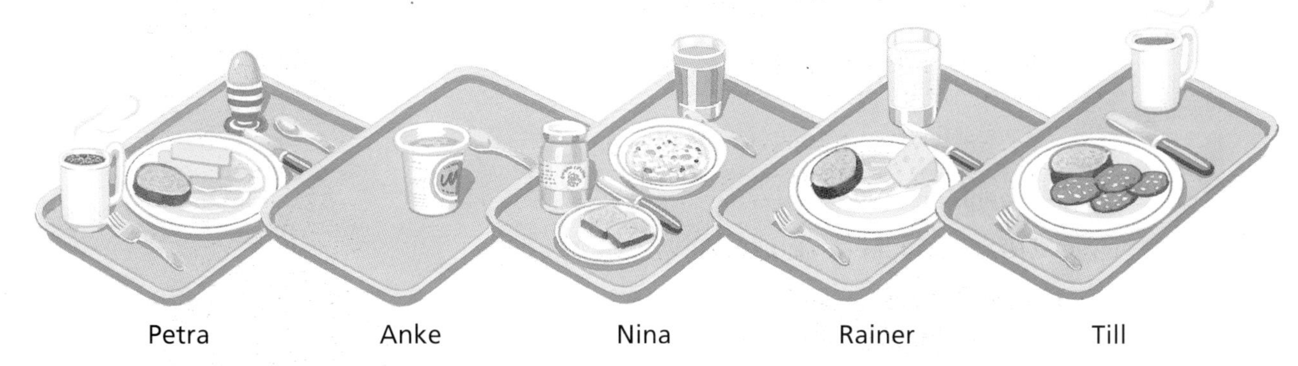

2d Hör zu! Was nehmen sie für die Pause mit? (9)

z.B. Schokoriegel, …

B Iß dich fit

24a

3a Was ißt und trinkt man zum Mittagessen? Wie heißen die Gerichte? Kennst du ein Wort nicht? Schau mal im Wörterbuch nach.

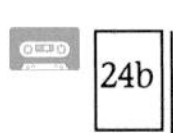

24b

3b Hör zu! Was essen und trinken sie zum Mittagessen und zum Abendessen? (1–5)

z.B. Zum Mittagessen ißt/trinkt er/sie …
Zum Abendessen …

3c **i.** Zu zweit. Stellt euch gegenseitig die Fragen:

- Was ißt und trinkst du normalerweise zum Mittagessen?
- Was ißt und trinkst du normalerweise zum Abendessen?
- Was ist dein Lieblingsessen?
- Was ist dein Lieblingsgetränk?

Ich esse/trinke … Mein Lieblings…

ii. Schreib die Antworten auf.

z.B. Er/Sie ißt/trinkt … Sein/Ihr Lieblings… ist …

3d Mach eine Umfrage. Wähl eine der Fragen aus und stell sie an 12 Mitschüler. Zeichne ein Schaubild und schreib einen Bericht.

Die meisten Vier	Schüler	essen/trinken	am liebsten (Pizza/Cola)
Ein(e)	Schüler(in)	ißt/trinkt	

Kaffee und Kuchen

Sie wählen den Kuchen an der Theke aus.

Sie bekommen einen Zettel mit einer Nummer drauf.

Sie geben den Zettel der Kellnerin.

Diese bringt Ihnen den Kuchen.

4a Rollenspiel

Was trinken sie?

Bitte sehr. Und hier ist der/die Käsekuchen/Kirschtorte/Schokoladenkuchen/Himbeertorte mit/ohne Sahne.

Haben Sie Milch/Zucker/Zitrone/Süßstoff?

Bitte sehr.

Danke.

Zahlen bitte.

Zusammen oder getrennt?

Zusammen bitte.

Ja. ... DM. Haben Sie Kleingeld?

Bitte sehr.

Danke. Auf Wiedersehen.

4b Hör zu! Was haben sie bestellt? (8 Sachen)

essen = *to eat*

ich esse	wir essen	**Futur:** ich werde essen	das Essen = *food*
du ißt	ihr eßt	**Perfekt:** ich habe gegessen	das Mittagessen = *lunch*
er ißt	sie essen	**Präteritum:** ich aß	das Eßzimmer = *dining room*
sie ißt	Sie essen	**Fragen:** Ißt du? Essen Sie?	ein Eßlöffel = *tablespoon*

Ich habe Hunger. = *I'm hungry.*

Cocktail-Time!

Zutaten

vier Becher Joghurt
Früchte nach Wahl
ein halber Liter Milch
zwei Teelöffel Zucker
zwei Teelöffel Fruchtsirup

Zubereitung

Zutaten gut verquirlen und in ein Glas mit Eiswürfeln abfüllen.

Prost!

Gut verquirlen!

Blondie

Zutaten
ein Becher Buttermilch
vier Kugeln Vanilleeis
vier Aprikosen
zwei Pfirsiche
zwei Eßlöffel Zucker
ein Päckchen Vanillinzucker
Saft einer Zitrone

Zubereitung
Die Zutaten gut durchmixen, in vier Schalen verteilen und in den Kühlschrank stellen. Vor dem Servieren in jedes Glas eine Kugel Vanilleeis geben.

Schwarze Johanna

Zutaten
ein Glas Johannisbeersaft
ein Eßlöffel Zucker
ein Becher Joghurt
zwei Kugeln Vanilleeis

Zubereitung
Alle Zutaten gut verquirlen und in ein Glas abfüllen.

Bananenshake

Zutaten
eine Banane
ein Ei
ein Eßlöffel Zucker
zwei Glas Milch
eine Kugel Vanilleeis

Zubereitung
Gut verquirlen und in Gläser gießen. Mit Schokoraspeln garnieren.

A Wo gehören die Zutaten hin?

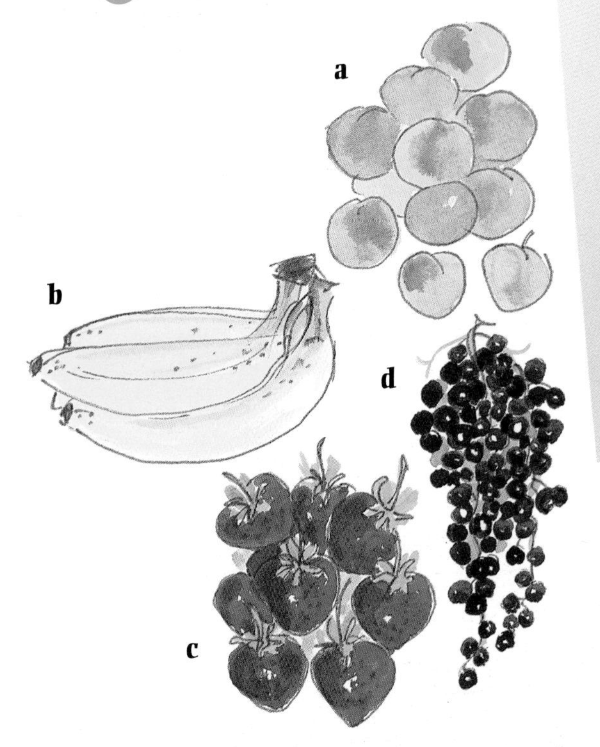

B Welchen Cocktail würdest du am liebsten trinken?

C Denke dir einen eigenen Cocktail aus:

Zutaten ...
Zubereitung ...

C Die Speisekarte

Ein kleiner Imbiß

1	*Belegtes Brötchen mit gekochtem Schinken, Salami, Wurst oder Käse*	5,40
2	*Strammer Max (Brot mit Schinken und Spiegelei)*	7,20
3	*2 Stk Bockwurst mit Brötchen und Senf*	4,40

Preisgünstige Tagesgerichte

4	*2 Spiegeleier auf Rahmspinat, Bratkartoffeln*	6,30
5	*Riesenbockwurst mit Kartoffelsalat*	7,90
6	*Spaghetti Bolognese*	9,20
7	*Omelette natur mit Pommes und Salat*	9,40

Hauptgerichte

8	*Putenschnitzel vom Grill mit Reis und Erbsen*	13,10
9	*Rindergulasch mit hausgemachten Kartoffelknödeln*	11,70
10	*Zigeunerschnitzel mit Reis und grünem Salat*	12,20
11	*Wiener Schnitzel mit Pommes und grünen Bohnen*	12,20
12	*Kalbfleisch in holländischer Soße mit hausgemachten Bandnudeln*	12,40
13	*Hühnerfleisch mit Spargel und holländischer Soße*	14,30
14	*½ Hähnchen gebraten mit Pommes und Salat*	12,90

Nach dem Essen empfehlen wir Ihnen:

15	*Früchte-Joghurt*	2,30
16	*Karamel-Crème*	2,90
17	*Gemischtes Eis ohne Sahne*	3,80
18	*Gemischtes Eis mit Sahne*	4,30

Warme Getränke

19	*Tasse Kaffee*	1,50
20	*Kännchen Kaffee*	2,80
21	*Glas Tee mit Zitrone oder Milch*	1,50
22	*Tasse Schokolade*	2,30

Kalte Getränke

23	*Fanta*	2,20
24	*Cola*	2,20
25	*Apfelsaft, Orangensaft*	2,20
26	*Mineralwasser*	2,20

1a Hör zu! Was bestellen sie? Wieviel kostet es? (1–4)

z.B. 1 13, 14,30 DM; … , … DM Das macht … DM.

1b Zu zweit. Was würdet ihr für … bestellen?

z.B. A: i. Ich möchte Spaghetti Bolognese. Und du?

i. euch selbst
ii. eine Freundin, die Vegetarierin ist
iii. einen Freund, der keinen Zucker essen darf
iv. einen Freund, der selbst kein Geld hat!

1c Rollenspiel

Haben Sie Platz?

Für wie viele?

……………………………

Hier bitte. Die Speisekarte. Trinken Sie etwas?

……………………………………………………

Wollen Sie bestellen?

Was ist das Tagesgericht?

Schnitzel mit Pommes und grünem Salat.

Ja, ich möchte … für mich, und … .

Und als Nachtisch?

……………………………………………………

Entschuldigen Sie bitte! Ich habe keinen Löffel/keine Gabel/kein Messer.

Kommt gleich!

Zahlen bitte.

Sie bezahlen an der Kasse. Hat es geschmeckt?

Ja/Sehr gut/Lecker. Wo sind die Toiletten?

Die Tür da hinten und dann die Treppe runter.

Kaiserschmarren

Tiroler Speckplatte

trinken = *to drink*

ich trinke	wir trinken
du trinkst	ihr trinkt
er trinkt	sie trinken
sie trinkt	Sie trinken

Futur: ich werde trinken
Perfekt: ich habe getrunken
Präteritum: ich trank
Fragen: Trinkst du? Trinken Sie?

Ich habe Durst. = *I'm thirsty.* | das Getränk = *drink* | Kein Trinkwasser = *Not drinking water*

Innenstadt

A In der Stadt

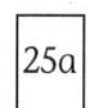 **1a** Brainstorming. Wie viele von den Bildern könnt ihr in zwei Minuten nennen? Mach eine Liste.

z.B. 1 Bahnhof , 2 …

 **1b** **i.** Hör zu! Habt ihr das richtig gemacht?

ii. Hör noch mal zu! Der, die oder das?

1c Kopiere die Titel und schreib Listen.

der	die	das
der Bahnhof	die Post	das Kino

1d Hör zu! Wohin gehen sie? (1–8)

z.B. Er/Sie geht zum Bahnhof/zur Post.

Vorsicht! „die" Wörter: zur Post
„der" und „das" Wörter: zum Bahnhof/zum Kino
Plural: zu den Toiletten

1e Zu zweit. Was sagt ihr: Wie komme ich zum/zur … ?

2a Rollenspiel. Wie komme ich zur Bank?

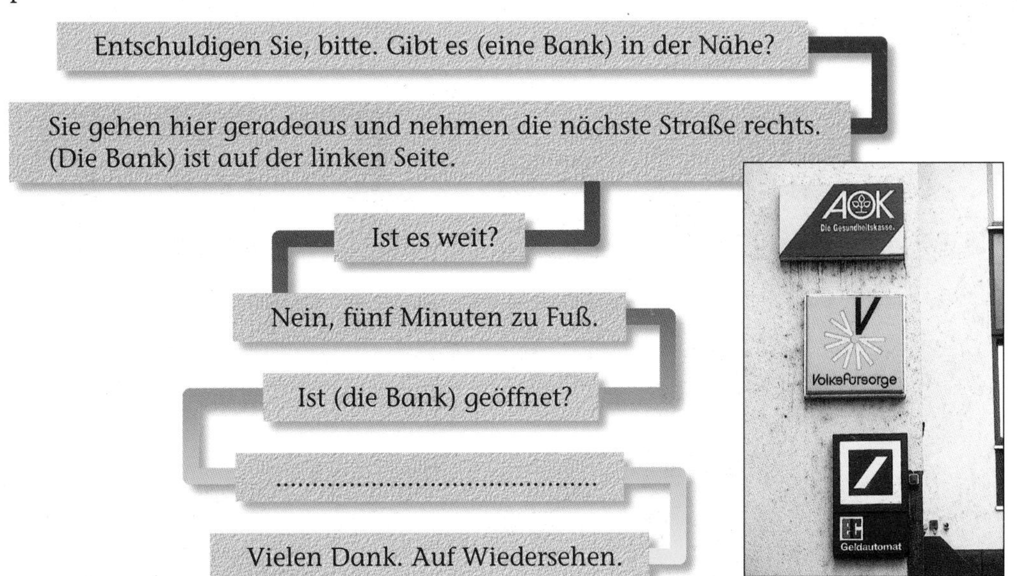

Entschuldigen Sie, bitte. Gibt es (eine Bank) in der Nähe?

Sie gehen hier geradeaus und nehmen die nächste Straße rechts. (Die Bank) ist auf der linken Seite.

Ist es weit?

Nein, fünf Minuten zu Fuß.

Ist (die Bank) geöffnet?

....

Vielen Dank. Auf Wiedersehen.

Banköffnungszeiten

Kassenstunden
Montag–Mittwoch u. Freitag
8.30–13.00 Uhr u. 14.15–16.00 Uhr
Donnerstag
8.30–13.00 Uhr u. 14.15–18.00 Uhr

Postamt

Mo.–Fr. 8.00–12.30
13.30 18.00
Sa. 9.00–13.00

2b Rollenspiel. Wie komme ich zur Post?

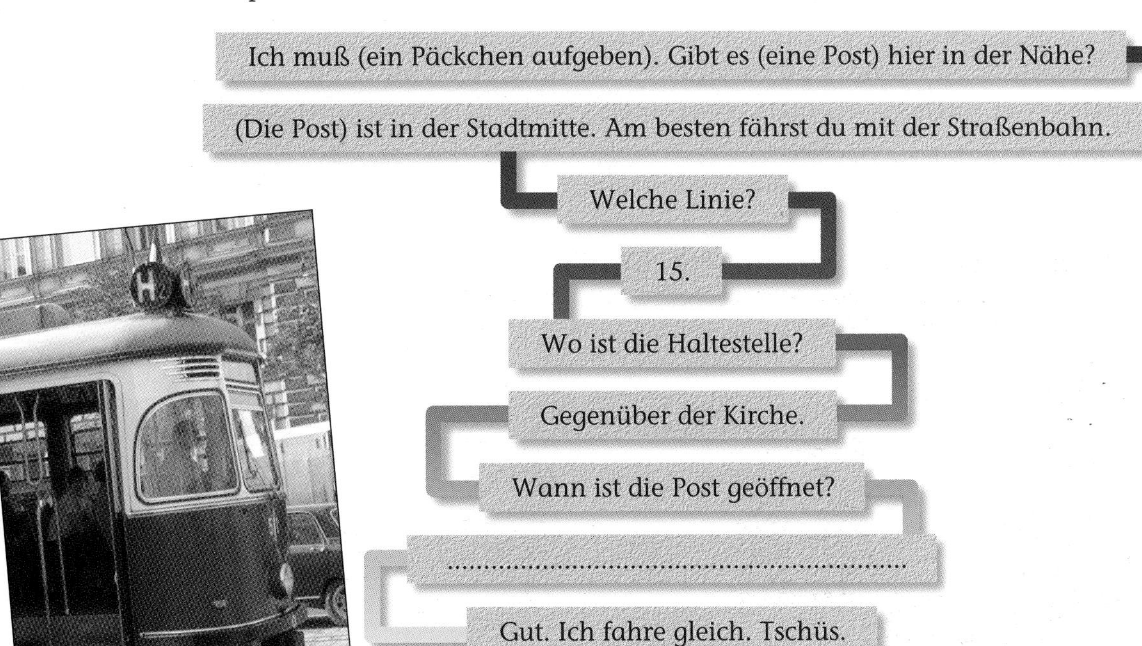

Ich muß (ein Päckchen aufgeben). Gibt es (eine Post) hier in der Nähe?

(Die Post) ist in der Stadtmitte. Am besten fährst du mit der Straßenbahn.

Welche Linie?

15.

Wo ist die Haltestelle?

Gegenüber der Kirche.

Wann ist die Post geöffnet?

....

Gut. Ich fahre gleich. Tschüs.

A In der Stadt

26a **3a** Rollenspiel. In der Bank

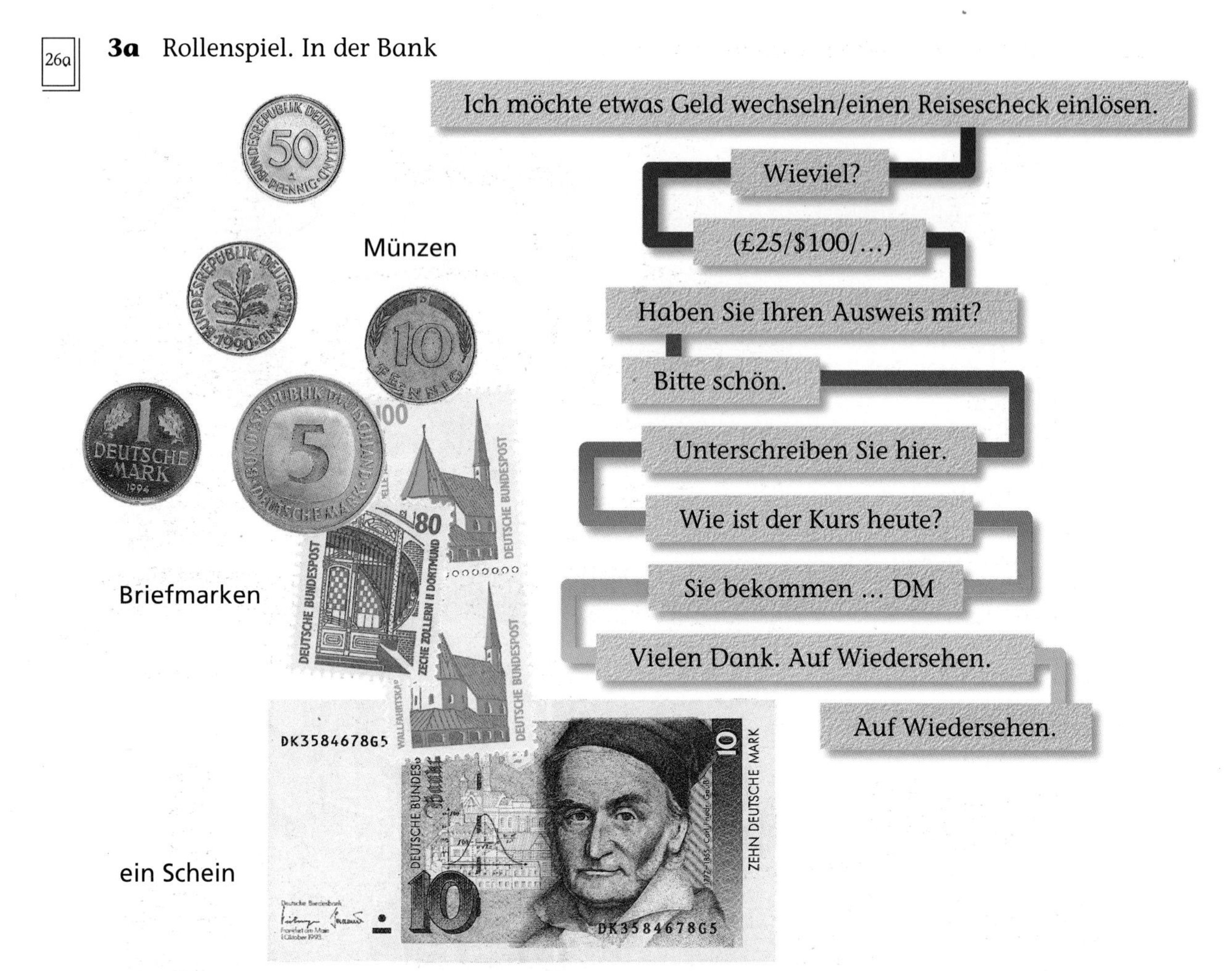

26a **3b** Rollenspiel. Auf der Post

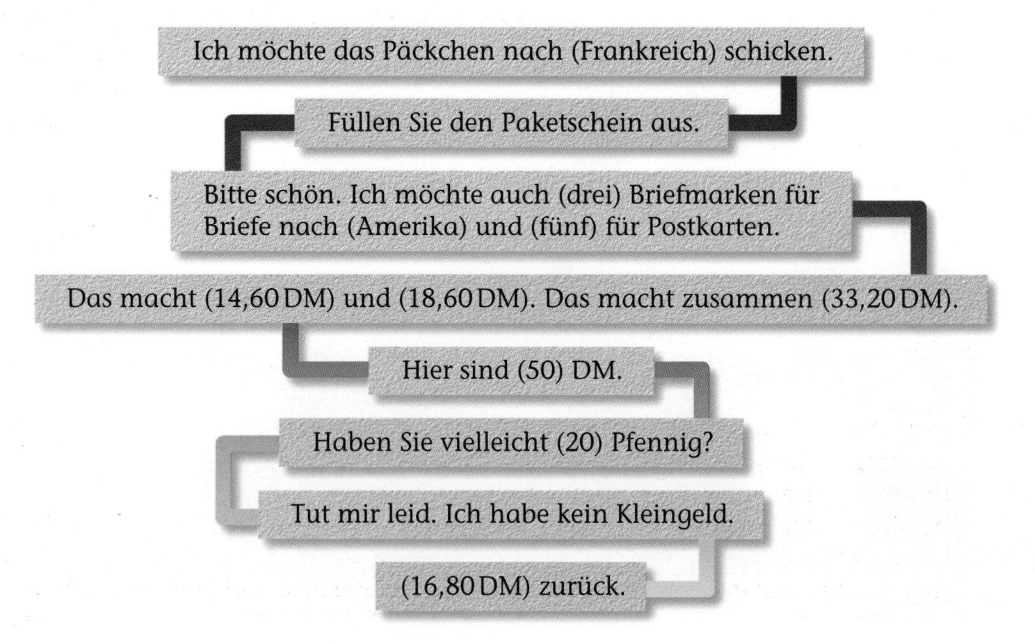

26b

4a Zu zweit. Welche Sehenswürdigkeiten gibt es?

z.B. A: a? B: Es gibt ein Schloß. b? A: Es gibt einen …

Es gibt:
eine Brücke
einen Dom
einen Fernsehturm
einen Fluß
ein Freibad
eine Kirche
ein Museum
einen Park
ein Rathaus
ein Schloß
einen See
ein Stadion
einen Wald

4b Zu zweit. Welche Sehenswürdigkeiten gibt es in Zweibrückenstadt, und was gibt es nicht?

26c

4c Was gibt es in der Stadt, wo du wohnst (oder in der nächsten Stadt), und was gibt es nicht? Mach eine Liste.

	Mask.	**Fem.**	**Neutr.**
Es gibt	einen Marktplatz keinen Fluß	eine Kirche keine Brücke	ein Rathaus kein Schloß

4d Hör zu!

i. Wo wohnen sie? (1–5)

ii. Welche Sehenswürdigkeiten gibt es?

z.B. 1 i. Ö ii. Berge, …

in **D**eutschland
in der **Sch**weiz
in **Ö**sterreich

Nord
West
Mitte
Ost
Süd

geben = *to give*

ich gebe	wir geben
du gibst	ihr gebt
er gibt	sie geben
sie gibt	Sie geben

Futur: ich werde … geben
Perfekt: ich habe … gegeben
Präteritum: ich gab …
Fragen: Gibst du … ? Geben Sie … ?

es gibt = *there is/are* es gab = *there were*

einen Brief aufgeben = *to post a letter*

Porträt einer Stadt: *Boppard*

Boppard ist eine historische Stadt am Rhein.

Die Autofähre

Die Weinkönigin

Der Rheinexpress

Rheinwein – ein Weißwein

Die Severuskirche

Freizeit in Boppard

- Sessellift zum Aussichtspunkt
- Stadtrundfahrt mit dem Rheinexpress
- Frei- und Hallenbad
- Fahrradverleih
- Minigolf
- Fitness
- Tennis
- Wanderungen

Freizeit in der Umgebung

- Deutsches Puppenmuseum mit Puppen- und Teddy-Boutique
- Adler- und Falkenhof mit Flugvorführungen: Apr.–Okt.
- Garten der Lebenden Schmetterlinge im Schloßpark Bendorf-Seyn

Tagesausflug

Donnerstag:
Tal der Loreley ... DM 38,-

- Busausflug durch das Mittelrheintal nach Koblenz.
- Stadtführung Koblenz (Deutsches Eck, Altstadt und Festung Ehrenbreitstein)
- Rückfahrt mit dem Schiff

Preis inkl.
Busfahrt – Führungen – Eintrittsgelder – Schiffsfahrt

A Wo befindet sich Boppard?
Was für eine Stadt ist Boppard?

B Nenne drei Aktivitäten, die in Boppard möglich sind.

z.B. Man kann schwimmen gehen ...

B Geschäftsviertel

1a Was kann man hier kaufen? Schreib eine Liste von drei Gegenständen, die man in jedem Geschäft kaufen kann.

z.B. Fotogeschäft: Kamera, Filme, Batterien

Apotheke

Bäckerei

Blumengeschäft

Drogerie

BUCHHANDLUNG

BEKLEIDUNGSGESCHÄFT

Lebensmittelgeschäft

Metzgerei

Schuhgeschäft

Möbelgeschäft

Schreibwarengeschäft

Spielwarengeschäft

Sportgeschäft

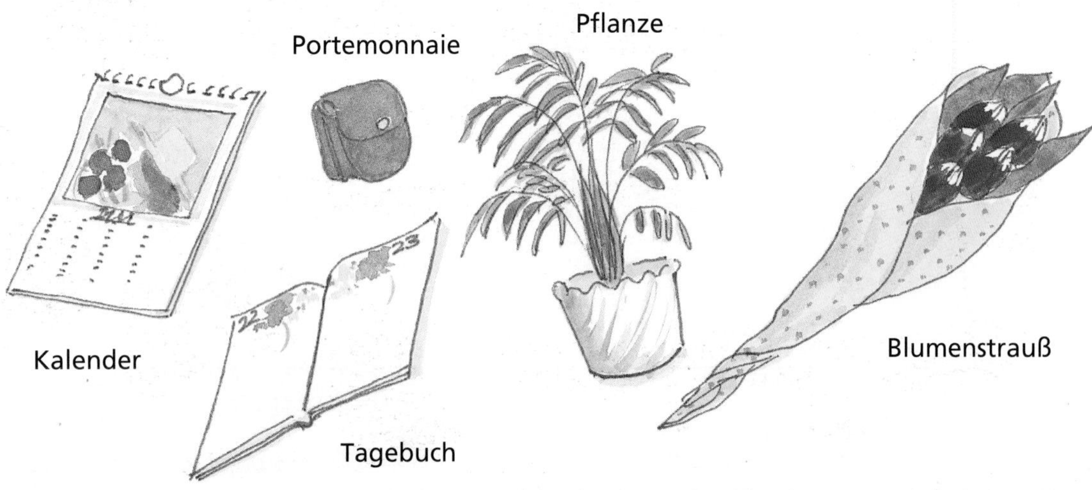

1b Hör zu! Was kaufen sie? In welchem Geschäft sind sie? Was kostet es? (1–15)

z.B. 1 Diafilm, Fotogeschäft, 7,50 DM

2a Rollenspiel. Ein Geschenk kaufen

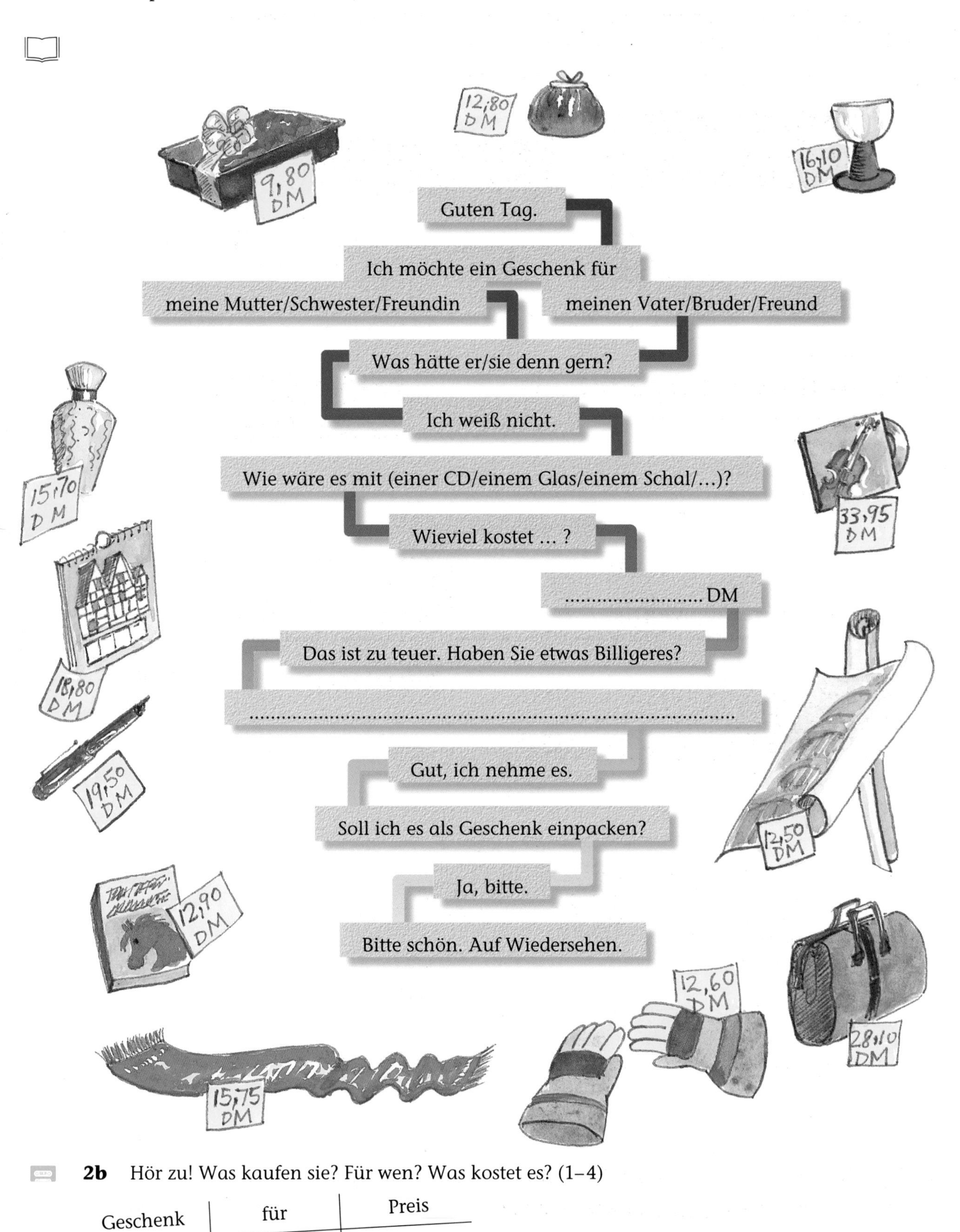

2b Hör zu! Was kaufen sie? Für wen? Was kostet es? (1–4)

Geschenk	für	Preis

B Geschäftsviertel

IM MODEGESCHÄFT

3a Was kann man hier kaufen?

Hier kann man ... kaufen.

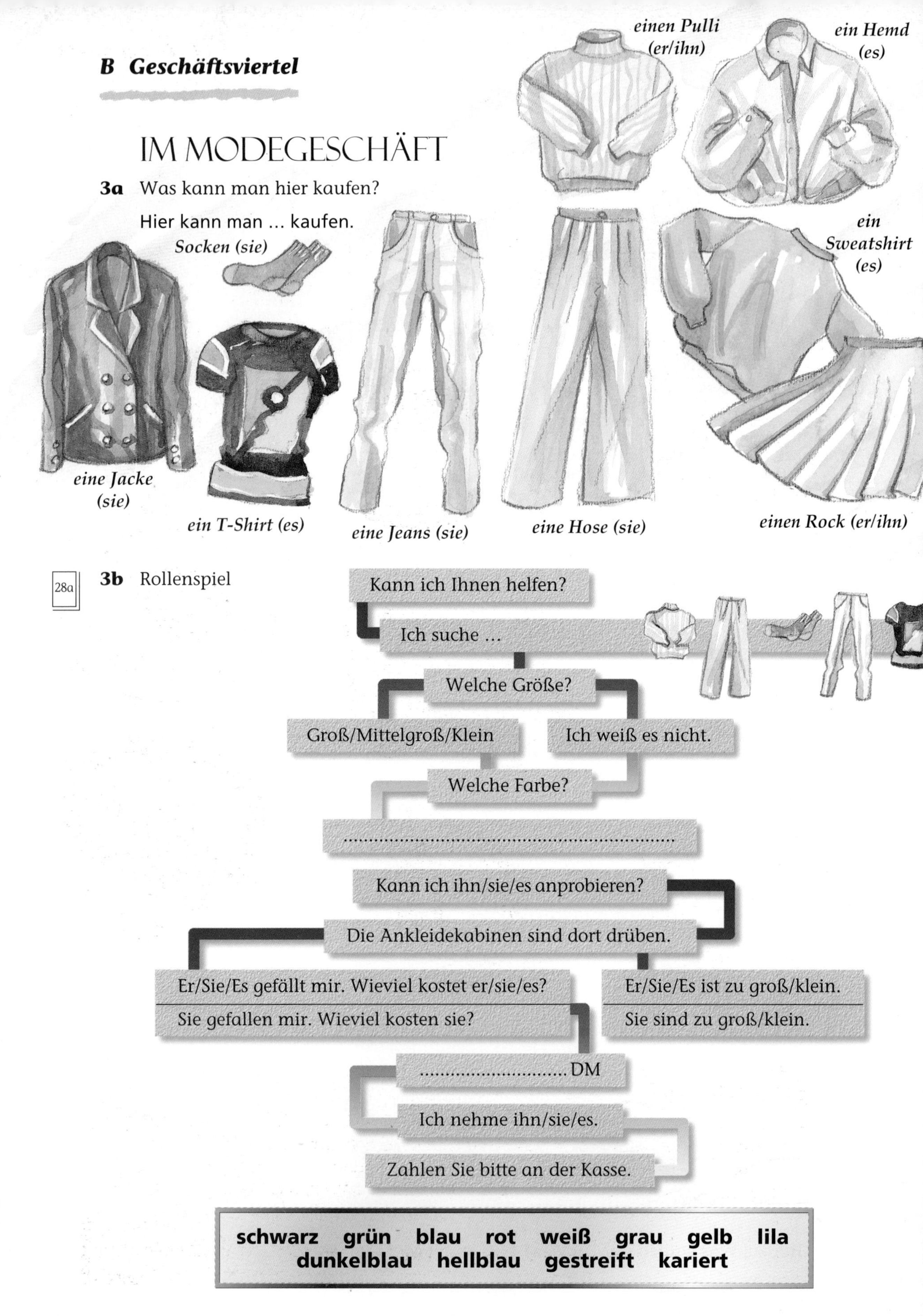

28a

3b Rollenspiel

Kann ich Ihnen helfen?

Ich suche ...

Welche Größe?

Groß/Mittelgroß/Klein

Ich weiß es nicht.

Welche Farbe?

....

Kann ich ihn/sie/es anprobieren?

Die Ankleidekabinen sind dort drüben.

Er/Sie/Es gefällt mir. Wieviel kostet er/sie/es?
Sie gefallen mir. Wieviel kosten sie?

Er/Sie/Es ist zu groß/klein.
Sie sind zu groß/klein.

.... DM

Ich nehme ihn/sie/es.

Zahlen Sie bitte an der Kasse.

schwarz grün blau rot weiß grau gelb lila dunkelblau hellblau gestreift kariert

4 Erklär deinem/deiner Brieffreund/(in):
Wo kann man das in deiner Umgebung kaufen?
Wie kommt man am besten dahin?
Nimm es auf Kassette auf.

Ein Sweatshirt? Du kannst (es) bei … (in der Stadtmitte) kaufen.
Am besten fährst du mit dem Bus, Linie …/gehst du zu Fuß.
Es ist etwa (fünf Minuten) von hier.

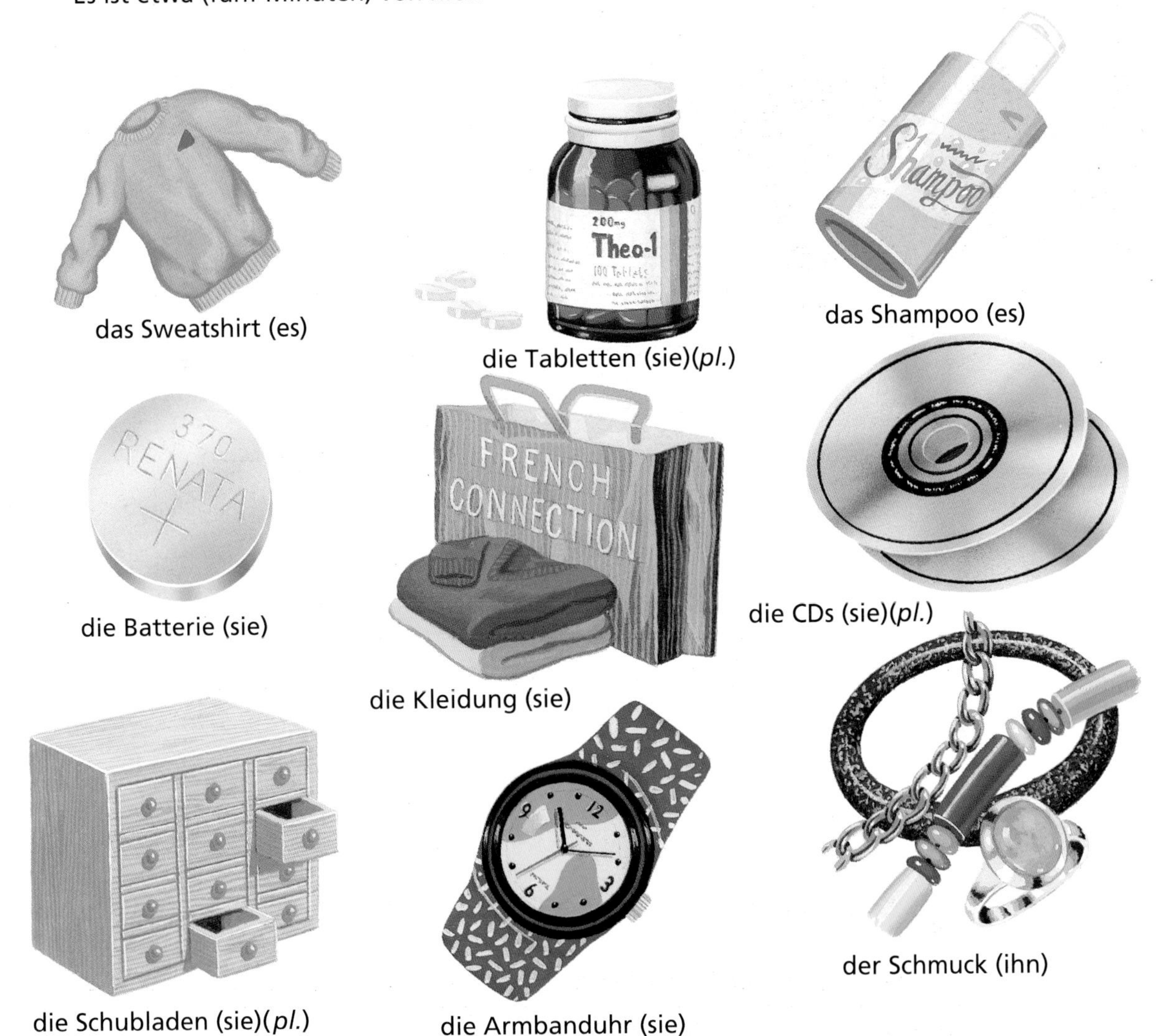

das Sweatshirt (es)
die Tabletten (sie)(*pl.*)
das Shampoo (es)
die Batterie (sie)
die Kleidung (sie)
die CDs (sie)(*pl.*)
die Schubladen (sie)(*pl.*)
die Armbanduhr (sie)
der Schmuck (ihn)

kaufen = *to buy*

ich kaufe	wir kaufen
du kaufst	ihr kauft
er kauft	sie kaufen
sie kauft	Sie kaufen

Futur: ich werde kaufen
Perfekt: ich habe gekauft
Präteritum: ich kaufte
Fragen: Kaufst du? Kaufen Sie?

ein/kaufen = *to shop, buy*   verkaufen = *to sell*   Ausverkauf = *sale*
Sommerschlußverkauf = *summer sale*   Verkäufer = *salesman*

KAUFhOF

FLUCHTWEG

KASSE

Untergeschoß

Lebensmittel
Feinkost
Küchengeräte

Erdgeschoß

Parfüm
Kosmetik
Schmuck
Lederwaren
Schreibwaren
Reisebüro
Informationsbüro

Erster Stock

Jeans Wear
Mäntel, Kostüme, Jacken
Kleider
Blusen, Röcke
Damen–Herren: Freizeitmoden, Sportswear
Damen Unterwäsche, Damen Bademoden
Damen-, Herren-, Kinderschuhe, Heim- und Freizeitschuhe

Zweiter Stock

Glas, Porzellan und Beleuchtung
Radios, Fernseher und Elektrogeräte

Dritter Stock

Haushaltswaren
Teppiche und Vorhänge

NOTAUSGANG

ROLLTREPPE

AUSVERKAUF

AUSGANG

FAHRSTUHL

SONDERANGEBOT

KAUFHOF

ACHTUNG!
Unsere Ware ist elektronisch gegen Diebstahl gesichert
» sichtbar und unsichtbar «

EINZEL TEILE
stark reduziert

In welchem Stock findet man … ?

Eine Lampe findet man im (ersten/zweiten/dritten) Stock/im Untergeschoß

C Austauschpraktikum

Du hilfst in einem Auskunftsbüro in Neustädtchen.

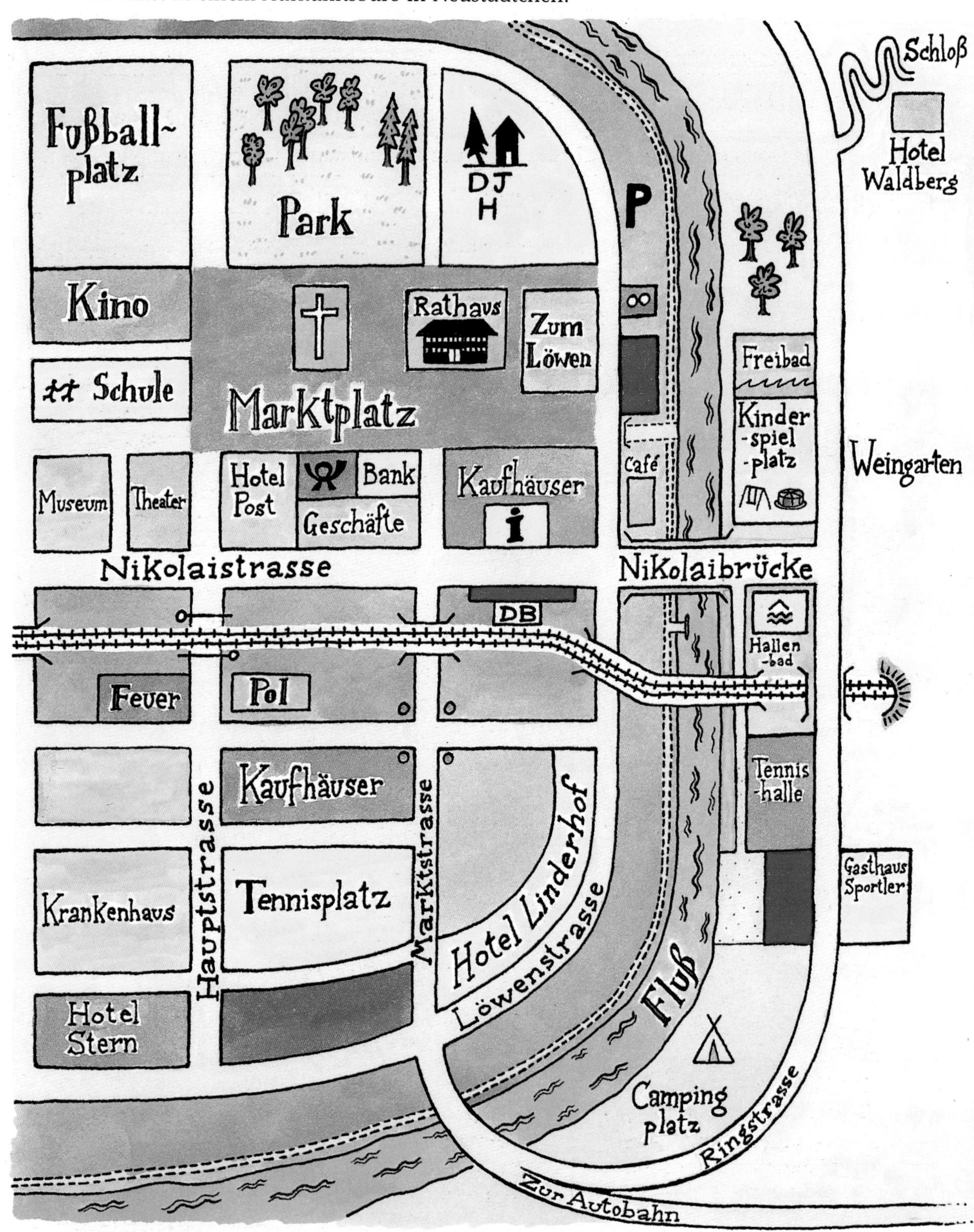

1a Hör zu! Wohin wollen sie? (1–10)

z.B. 1 Parkplatz.

1b Was empfiehlst du ihnen? Bereite deine Antworten vor und nimm sie auf Kassette auf!

Sie	nehmen die erste/zweite/dritte Straße rechts/links.	
	gehen/fahren geradeaus bis	zur Kreuzung/Ampel/Brücke/Kirche. zum Bahnhof/Marktplatz/Parkplatz/Bahnübergang.
	biegen rechts/links in die (Haupt)straße ein und gehen/fahren immer geradeaus.	
Er/Sie/Es ist auf der linken/rechten Seite. Es ist (nicht) weit.		

Es gibt ... Es kostet ... Es ist um ... Uhr geöffnet.
Sie könnten ... gehen/besuchen/besichtigen.
Das Hotel ... hat kein/noch Zimmer frei.

zu Fuß	mit dem Auto
Sie gehen	Sie fahren

SPIELZEUGMUSEUM
Öffnungszeiten
10.00 Uhr – 17.00 Uhr
Eintritt 8.50 DM

Hotel Stern
Hallenbad u. Freibad
Sauna Wellenbad Solarium
8.00 Uhr – 18.00 Uhr

Zimmer frei

Hotels	Einzelzimmer	Doppelzimmer	Dreibettzimmer
Hotel Stern	1 D 35 DM	–	2 D 85 DM
Hotel Zum Löwen	– –	–	
Hotel Post	2 D 50 DM	4 D 88 DM 2 B 96 DM	1 D 112 DM
Hotel Waldberg	–	3 D 50 DM 2 B 50 DM	1 D 70 DM
Hotel Linderhof	1 30 DM	3 D 60 DM 1 B 70 DM	3 B 80 DM
Gasthaus Sportler	1 28 DM	4 D 56 DM 3 B 70 DM	2 B 75 DM

D Dusche B Bad

kommen = *to come*

ich komme	wir kommen
du kommst	ihr kommt
er kommt	sie kommen
sie kommt	Sie kommen

Futur: ich werde kommen
Perfekt: ich bin gekommen
Präteritum: ich kam
Fragen: Kommst du? Kommen Sie?

an/kommen – Der Zug kommt um 6 Uhr an. = *The train arrives at 6.*
mit/kommen – Kommst du mit? = *Are you coming (too)?*
Ankunft und Abfahrt = *Arrival and departure*

Die Clique

A Freunde und Freundinnen

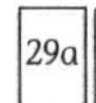

1a Wer sind sie? a, b, c, d, e oder f?

Ich bin 1,55 m groß, ziemlich dick und habe schulterlange blonde Haare und braune Augen. Ich trage ein weißes T-Shirt, eine weite dunkelblaue Hose und schwarze Schuhe.

Christine

Ich heiße Christoph. Ich bin ziemlich groß und schlank und habe kurze, dunkelblonde Haare. Ich habe ein weißes, rotgemustertes T-Shirt und eine schwarze Hose an. Meine Trainingsschuhe sind weiß und blau.

1b Hör zu! Wie heißen die anderen Leute auf dem Bild?

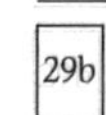

1c Zu zweit. Stellt euch gegenseitig die Fragen:

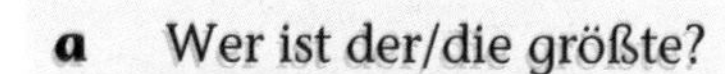

a Wer ist der/die größte?
b Wer ist der/die kleinste?
c Wer ist größer als ... ?
d Wer ist kleiner als ... ?
e Wer hat blonde Haare?
f Wer hat lockige Haare?
g Wer trägt blaue Schuhe?
h Wer trägt eine Brille?

Überlegt euch noch zwei Fragen.

1d Wähl einen Jungen und ein Mädchen aus und beschreib sie schriftlich.

<table>
<tr><td rowspan="3">Er/Sie</td><td>ist</td><td rowspan="2">ganz/ziemlich</td><td>groß/mittelgroß/klein
dick/schlank/kräftig</td></tr>
<tr><td>hat</td><td>lange/kurze
wellige/glatte/lockige Haare</td></tr>
<tr><td>trägt</td><td colspan="2">Ohrringe
eine Brille
einen roten Pulli (m)/eine blaue Latzhose (f)/ein weißes Hemd (n)</td></tr>
<tr><td colspan="4">Sein(e)/Ihr(e) ... ist/sind ...</td></tr>
</table>

A Freunde und Freundinnen

30a

2a Phantasiespiel: Hier ist dein Freund/deine Freundin.
Mach ein Porträt:

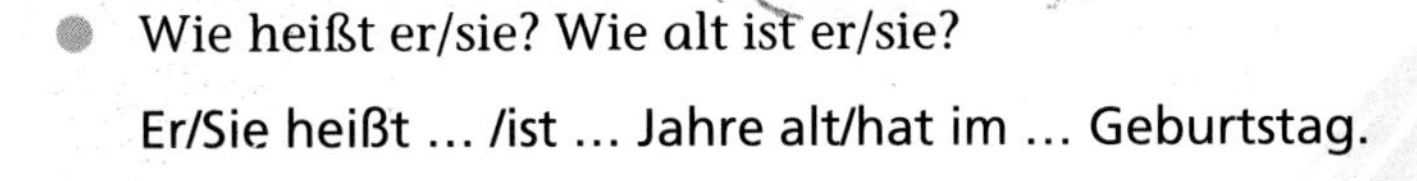

- Wie heißt er/sie? Wie alt ist er/sie?
  Er/Sie heißt ... /ist ... Jahre alt/hat im ... Geburtstag.
- Wie sieht er/sie aus?
  Er/Sie ist ... und hat ...
- Wo wohnt er/sie?
  Er/Sie wohnt in einem ...haus in ...
- Hat er/sie Geschwister und Haustiere?
  Er/Sie hat ...
- Was machen seine/ihre Eltern?
  Sein/Ihr Vater ist ... , und seine/ihre Mutter ist ...
- Was macht er/sie gern ... , und was macht er/sie nicht gern?
  Er/Sie macht/geht/fährt/spielt gern ... und nicht gern ... .
- Was für eine Person ist er/sie?
  Er/Sie ist lustig/faul/unternehmungslustig/unsportlich ...
- Was für Musik hört er/sie gern? Was für Sportarten macht er/sie gern?
  Er/Sie hört/spielt/macht gern/am liebsten ...
- Was ist sein/ihr Lieblingsfach, und was macht er/sie nicht gern in der Schule?
  Sein/Ihr Lieblingsfach ist ... Er/Sie macht gern/nicht gern ...

30a

2b Kommst du gut mit ihm/ihr aus? Warum?

Ich komme gut mit ihm/ihr aus, weil er/sie lustig/sportlich ist.
Ich komme nicht gut mit ihm/ihr aus, weil er/sie zu geschwätzig/faul ist.

Steckbriefe

Name: Sonja
Alter: 16 Jahre
Familie: 1 Stiefbr
Wohnort: Frankfurt
Freizeitinteressen: Sport, Musik
Lieblingsmusik: Rock
Sonstiges: Gymnastik

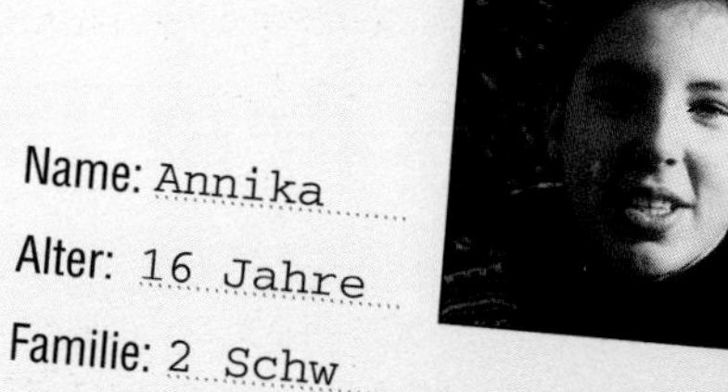

Name: Annika
Alter: 16 Jahre
Familie: 2 Schw
Wohnort: Innsbruck
Freizeitinteressen: Lesen, Schwimmen
Lieblingsmusik: alles mögliche
Sonstiges: tierlieb, Nichtraucher

Name: Johannes
Alter: 16
Familie: 1 Br
Wohnort: Leipzig
Freizeitinteressen: Fußball
Lieblingsmusik: Rap, Hard Rock
Sonstiges: Fitneß, Aerobic, Steptanz

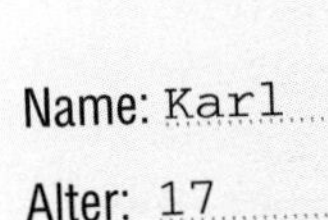

Name: Karl
Alter: 17

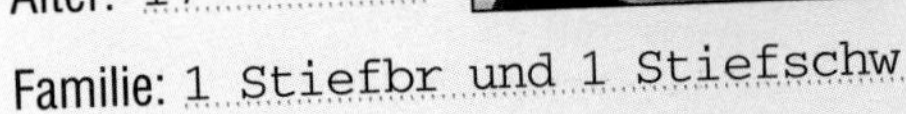

Familie: 1 Stiefbr und 1 Stiefschw
Wohnort: Kiel
Freizeitinteressen: Computer/Video
Lieblingsmusik: Rap, Heavy Metal
Sonstiges: Motocross

3a Zu zweit. Was wißt ihr über Sonja, Annika, Johannes und Karl?

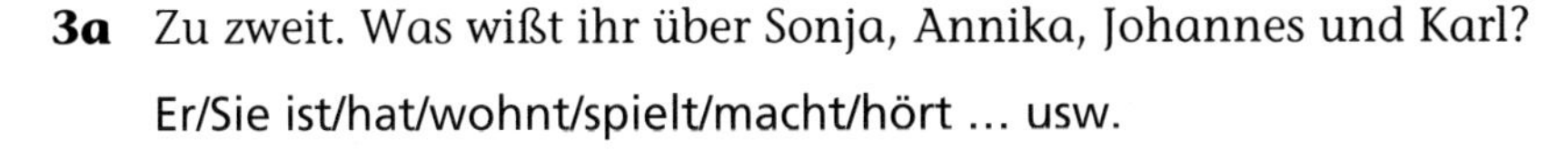

Er/Sie ist/hat/wohnt/spielt/macht/hört ... usw.

30b **3b** Kopiere das Formular und fülle es für dich aus.

30c **3c** Mit wem würdest du am besten auskommen? Warum?

Ich würde am besten mit ... auskommen, weil er/sie auch (Sport/Rockmusik) mag.

Wer? = *Who?*	Wer ist größer als du? Wer hat im Juni Geburtstag?
Wie? = *How?*	Wie alt bist du? Wie geht es dir?
Was? = *What?*	Was ist dein Lieblingsfach? Was hast du heute vor?
Wann? = *When?*	Wann gehst du nach Hause?
Wo? Wohin? = *Where?*	Wo wohnst du? Wohin gehst du?
Was für? = *What kind of?*	Was für Trainingsschuhe hast du?
Wieviel? = *How much?*	Wieviel kostet das?
Wie viele? = *How many?*	Wie viele Stifte hast du?

Aus dem Tagebuch der Anne Frank

Sonntag, 27. September 1942

Liebe Kitty!

Heute habe ich wieder eine sogenannte »Diskussion« mit Mutter gehabt. Das Schlimme ist, ich breche immer sofort in Tränen aus, ich kann es nicht ändern. Papa ist <u>immer</u> lieb zu mir, und er versteht mich auch viel besser. Ach, ich kann Mutter in solchen Momenten nicht ausstehen, und ich bin für sie auch eine Fremde. Das sieht man gleich, sie weiß noch nicht mal, wie ich über die normalsten Dinge denke.

...

Auch mit Margot verstehe ich mich nicht sehr gut. Obwohl es in unserer Familie nie so einen Ausbruch wie oben gibt, ist es doch längst nicht immer gemütlich. Ich habe eine ganz andere Natur als Margot und Mutter, sie sind so fremd für mich. Ich verstehe mich mit meinen Freundinnen besser als mit meiner eigenen Mutter. Das ist schade, gell!

ändern = *to change*
Ausbruch = *outburst*
aus/stehen = *to stand/put up with*
der Fremde = *stranger*
gell = *isn't it*
gemütlich = *comfortable*
längst = *for a long time*
obwohl = *although*
sofort = *straight away*
sogenannt = *so-called*
in Tränen aus/brechen = *to burst into tears*

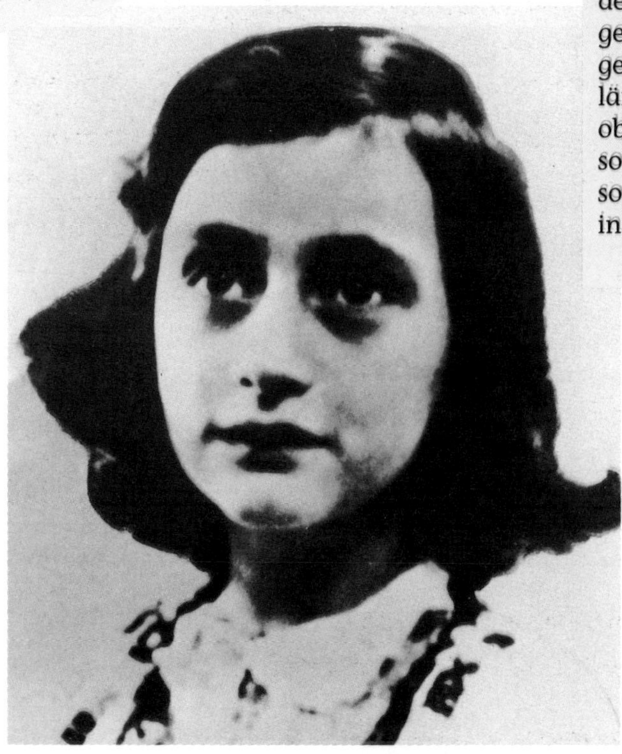

Mittwoch, 14. Oktober 1942

...

Mutter, Margot und ich sind wieder die besten Freundinnen, und das ist eigentlich viel angenehmer. Gestern abend lagen Margot und ich zusammen in meinem Bett. Es war sehr eng, aber gerade deshalb witzig. Sie fragte, ob sie mal mein Tagebuch lesen dürfte. »Manche Stücke schon«, sagte ich und fragte nach ihrem. Das dürfte ich dann auch lesen.

angenehm = *pleasant*
gerade deshalb = *just because of that*
manche = *some*
witzig = *fun*

Sonntag, 27. Februar 1944

Liebste Kitty!

Von morgens früh bis abends spät denke ich eigentlich an nichts anderes als an Peter. Ich schlafe mit seinem Bild vor Augen ein, träume von ihm und werde wieder wach, wenn er mich anschaut.

Ich glaube, daß Peter und ich gar nicht so verschieden sind, wie das von außen wirkt, und ich erkläre Dir auch warum: Peter und ich vermissen beide eine Mutter. Seine ist zu oberflächlich, flirtet gern und kümmert sich nicht viel um Peters Gedanken. Meine bemüht sich zwar um mich, hat aber keinen Takt, kein Feingefühl, kein mütterliches Verständnis.

an/schauen = *to look at*
sich bemühen um = *to look after*
eigentlich = *really*
Feingefühl = *sensitivity*
Gedanken = *thoughts*
sich kümmern um = *to worry about*
oberflächlich = *superficial*
verschieden = *different*
Verständnis = *understanding*
wirken = *to seem*

Answer the questions for a non-German-speaking person.

A Describe Anne's relationship with the other members of her family.

B According to Anne what do she and Peter have in common?

B Kleidung

cool und lässig ...
Sweatshirt von Billabong
Baseballmütze von Icepack
Levi-Jeans

umweltfreundlich ...
T-Shirt von Greenpeace
Jeans vom Flohmarkt
Pulli aus Recyclingwolle
Jeanstasche vom Flohmarkt

1a i. Zu zweit. Was tragen sie?

Mannequin A trägt ...

ii. Wähle ein Outfit aus und beschreib es schriftlich.

Mask.	Fem.	Neutr.	Pl.
einen blauen Rock	eine verwaschene Hose	ein kariertes Hemd	schwarze Stiefel

1b Welche von den Kleidungsstücken hast du gern, und welche hast du nicht gern?
Stellt euch gegenseitig die Fragen:
Wie findest du den blauen Rock? usw. gut ✔ O.K. – nicht gut ✘

sportlich ...
Polohemd von Naf-Naf
Schuhe von Reebok
Shorts von Adidas

schick und klassisch ...
Jacke von French Connection
Hemd von C & A
Rock von Armani
Stiefel von Ravel

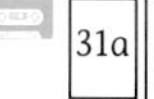

31a

1c Hör zu! **i.** Wie finden sie die Kleidungsstücke? gut ✔ O.K. – nicht gut ✘

ii. Wieviel kosten die Kleidungsstücke?

z.B. Sweatshirt, ✔, 89 DM

Klamotten (*slang*) = *clothes*

31b

1d Stellt euch gegenseitig die Fragen:

Was für Klamotten würdest du am liebsten anziehen?
Jeans und ein Sweatshirt.

Warum?
Weil sie bequemer/schicker/modischer/weiter/billiger sind.

aus Leder	aus Silber	aus Stein
aus Holz	aus Gold	aus Glas
	aus Kupfer	

32a **2a** Zu zweit. Fragt euch gegenseitig:

der/er	die/sie	das/es	die/sie
Welchen (Ring)	Welche (Kette)	Welches (Armband)	Welche (Ohrringe) ...

... findest du besser? Warum?

Ich finde (die Halskette aus Glas und Holz) besser als (die Halskette aus Gold).

Weil er/sie/es **bi**lliger/**sch**öner/**mod**ischer/**kl**einer/**gr**ößer ist/sind.

32a **2b** Hör zu! Was haben sie lieber? Warum? (1–7)

z.B. Sie hat lieber den goldenen Ring, weil er größer ist.

2c Marktforschung: Schreib einen Bericht.

z.B. Mehr Leute bevorzugen die Halskette aus ... als die Halskette aus ... , weil sie ... ist.

Ich habe meine schwarz-grüne Head-Tasche irgendwo auf dem Heimweg verloren. Hat jemand sie gefunden? Meine ganzen Schulsachen waren drin. Ich wohne Eichhornstraße 53.
Karsten Block 9b

Verloren … meine rote Sporttasche mit meinen Sportsachen und Trainingsanzug drin. Mein Name steht dran.
Hildegaard Haase 7c

Ich habe meine weißen Tennisschuhe, Größe 41, in der Turnhalle liegenlassen. Hat jemand sie gefunden? Mein Name steht drin.
Heidi Ritter 9a

Ich habe meine schwarzen Nike Trainingsschuhe, Größe 45, irgendwo auf dem Schulhof liegenlassen. Bernd Töllner 10a

3a Wem gehören die Sachen?

z.B. Die rote Sporttasche 'c' gehört …

3b Du hast deine Tasche verloren. Schreib eine Verlustanzeige.

32b **3c** Rollenspiel

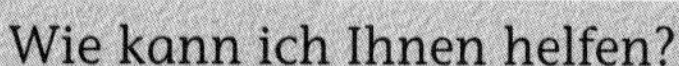

Wie kann ich Ihnen helfen?

Ich habe meinen Mantel/meine Tasche/mein Portemonnaie/meine Schuhe verloren

Wo haben Sie ihn/sie/es verloren?

Ich habe ihn/sie/es im Bus/in der Stadt/in der Turnhalle/auf dem Schulhof/im Klassenzimmer liegenlassen/vergessen.

Welche Farbe hat er/sie/es? Können Sie ihn/sie/es beschreiben?

....

Sonstige Merkmale?

....

Name und Adresse …

sich an/ziehen = *get dressed* (ziehen = *to pull*)

ich ziehe mich an	wir ziehen uns an	**Futur:** ich werde mich anziehen
du ziehst dich an	ihr zieht euch an	**Perfekt:** ich habe mich angezogen
er zieht sich an	sie ziehen sich an	**Präteritum:** ich zog mich an
sie zieht sich an	Sie ziehen sich an	**Fragen:** Ziehst du dich an? Ziehen Sie sich an?

sich aus/ziehen = *to get undressed*   sich um/ziehen = *to get changed*

Lesefutter

Hallo Katja. Entschuldige, daß ich so spät ankomme.
Warum grinst du so?
Thomas hat mich angelächelt!
Bist du in Thomas verknallt?
Ja, er sieht sehr gut aus, findest du nicht?
Oh je! Mit seiner Kartoffelnase? Du hast wirklich eine rosarote Brille auf!
Hast du schon bestellt?
Noch nicht.
Einmal Pfirsich-Melba ohne Sahne und
einmal Erdbeerbecher mit Sahne.

FORTSETZUNG FOLGT ...

Medien

A Fernsehen und Kino

33a

1a Was für Sendungen sind das?

z.B. a ist ein Zeichentrickfilm.

der Dokumentarfilm
die Familienserie
die Kindersendung der Krimi
die Nachrichten die Quizsendung
der Spielfilm die Sportsendung
der Werbespot der Wetterbericht
der Zeichentrickfilm

1b Zu zweit. Interviewt euch gegenseitig:

Was guckst du gern?

(Neighbours)

Was für eine Sendung ist das?

(Eine Familienserie aus Australien)

Wann kommt er/sie?

(Montags um ... Uhr)

Wie findest du Fußball im Fernsehen?

Gut | Interessant | Blöd | Langweilig

Und was ist deine Lieblingssendung?

....

1c Du darfst nur vier Stunden wöchentlich vor dem Fernseher verbringen. Was wählst du aus? Wie lange dauern die Sendungen? Mach eine Liste.

z.B. The Bill, halbe Stunde

33b

1d Hör zu! Welche Sendungen sehen wir am liebsten? (1–8)

ARD

17.10 Hit-Clip Spezial
David Bowie: Porträt eines Superstars

17.55 Tagesschau
Nachrichten

18.00 Eine schrecklich nette Familie
Familienserie

19.00 Ein blendender Spion
Spionagefilm

20.00 Tagesschau
Sport u. Nachrichten

20.15 Das Land des Regenbaumes
US Spielfilm

RTL

17.00 Die Sendung mit der Maus Zeichentrickserie

17.30 Die kleine Dampflok
Zeichentrickfilm

18.00 Nachrichten

18.05 Wetter

18.10 Trinidad, Karneval der Kulturen
Dokumentarfilm

19.00 heute. Wetter

19.05 Sportspiegel: Fußball
Eintracht Frankfurt – Borussia Dortmund

20.00 Star Trek Film

3 Sat

16.30 Schulfernsehen
Hilfe bei Mathe

18.00 Sesamstraße
Für Kinder

18.30 Lindenstraße
Familienserie

19.00 Das internationale T.V. Kochbuch
Portugal

20.00 Rufen Sie uns an
Gespräche über Gesundheit

20.30 Das Magazin aus Berlin
Menschen, Meinungen u. Musik

2a Zu zweit. Was würdet ihr gern sehen?

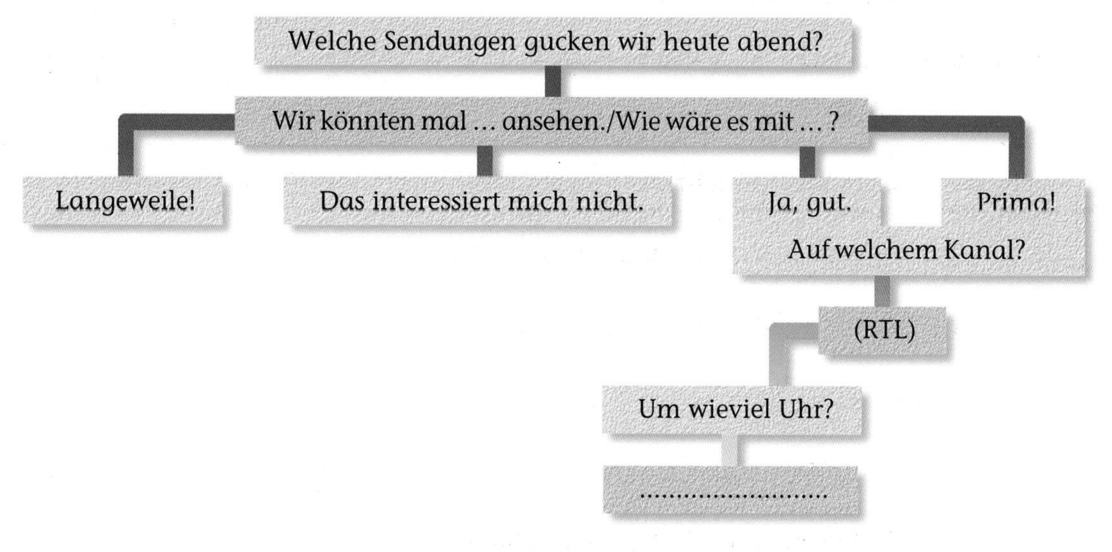

33c

2b Hör zu! Was werden sie gucken? Auf welchem Kanal? Um wieviel Uhr?

z.B. Schulfernsehen, 3Sat, 16.30, …

2c Erklär Tobias, was für Sendungen dies sind:

z.B. Home and Away, das ist eine Familienserie.

5.10 Home and Away
5.40 News and weather
6.00 Star Trek
6.45 Blockbusters
7.15 International athletics
7.30 Coronation Street
8.00 The Bill
8.30 Cooking for Two
9.00 Baywatch

A Fernsehen und Kino

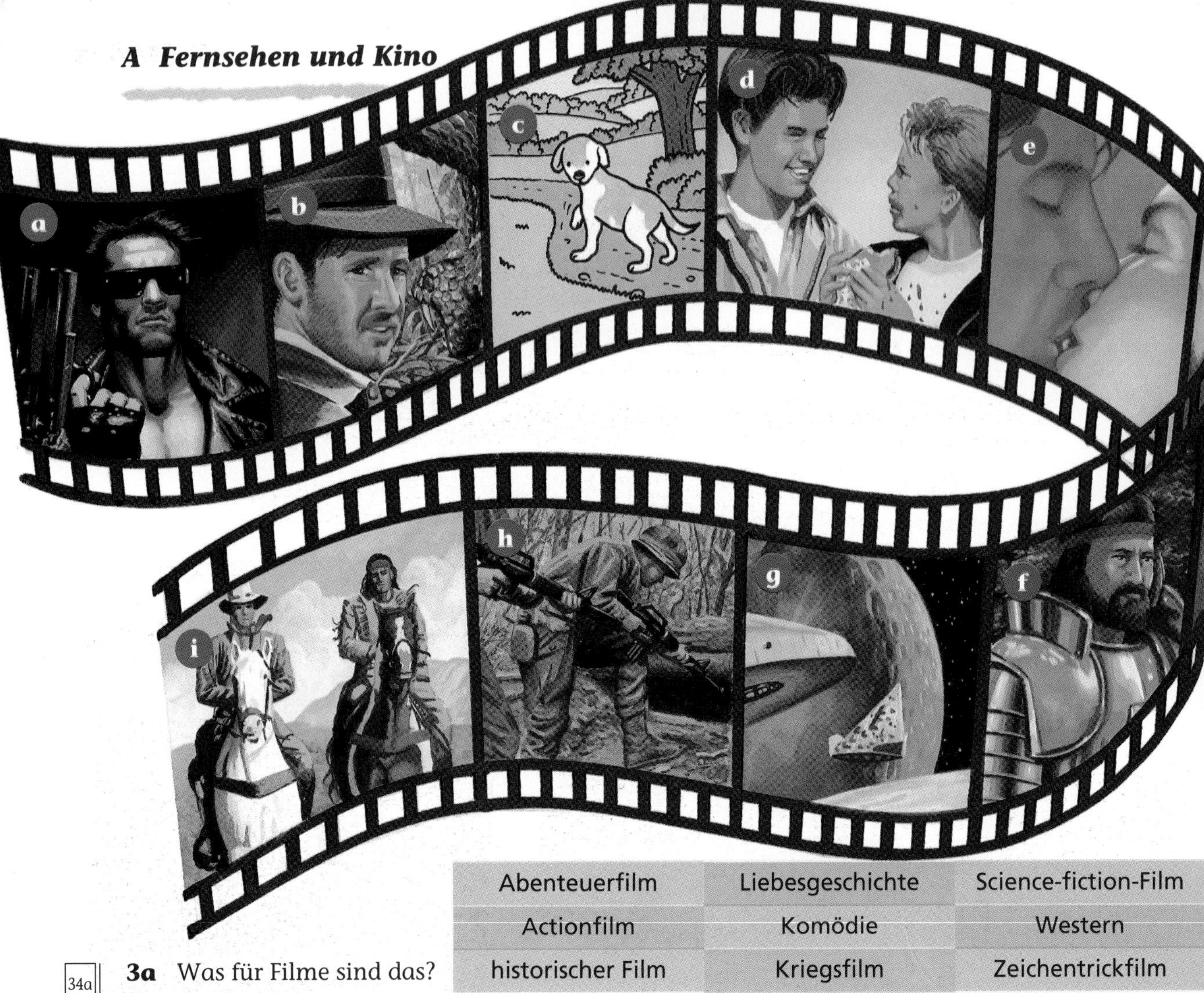

Abenteuerfilm	Liebesgeschichte	Science-fiction-Film
Actionfilm	Komödie	Western
historischer Film	Kriegsfilm	Zeichentrickfilm

34a **3a** Was für Filme sind das?

z.B. a ist eine Liebesgeschichte.

34a **3b** **i.** Zu zweit. Nennt einen Film von jeder Art.

ii. Mach eine eigene Liste.

z.B. Star Wars ist ein ...

3c Zu zweit. Interviewt euch gegenseitig:

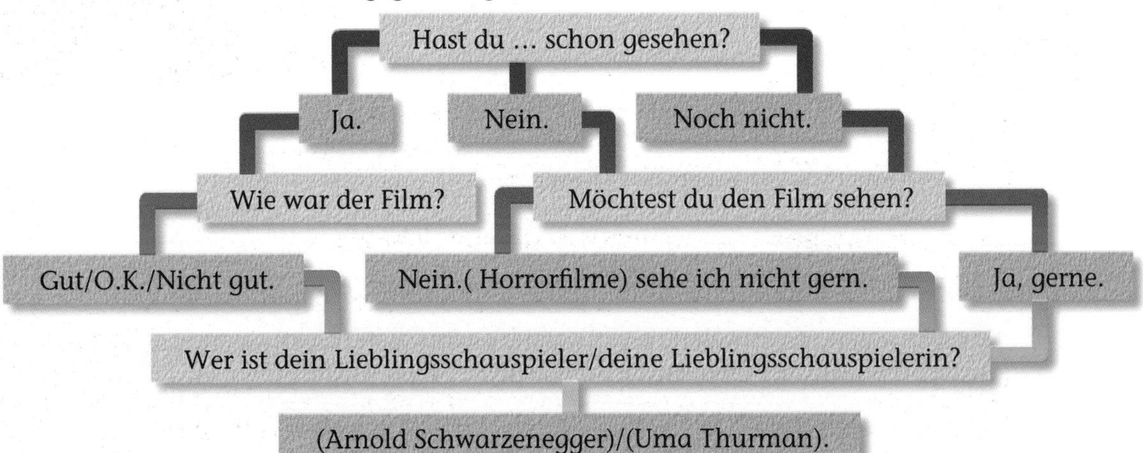

4a Rollenspiel

Gehen wir heute abend ins Kino?

Ja gerne. Was läuft?

....

Was für ein Film ist ... ?

Den hab' ich schon gesehen. Gibt es was anderes?

....

Gut. Wo treffen wir uns?

An der Bushaltestelle.

Ich komme vorbei und hole dich ab.

Vor dem Kino.

34b

4b Hör zu! Was werden sie sehen? Um wieviel Uhr? (1–3)

	Reihe	Preis
Loge		
Platzkarten	14–13	13 DM
freie Platzwahl	12–11	12 DM
Parkett (freie Platzwahl)	10–1	11 DM

sehen = *to see*

ich sehe	wir sehen
du siehst	ihr seht
er sieht	sie sehen
sie sieht	Sie sehen

Futur: ich werde sehen
Perfekt: ich habe gesehen
Präteritum: ich sah
Fragen: Siehst du? Sehen Sie? Hast du ... gesehen?

Ich sehe fern. = *I watch TV.* Ich habe ferngesehen. = *I watched TV.*

Er sieht müde aus. = *He looks tired.* Er sah krank aus. = *He looked ill.*

Filme

Krieg der Sterne

Ein Fest für Kinder, jung und alt. Luke Skywalker befreit die All-Prinzessin Leia aus den Fängen der Finsterlinge vom Todesstern. Das opulente Science-fiction-Märchen eröffnet die Star Wars Trilogie, mit Mark Hamill, Harrison Ford und Carrie Fisher.
Spitze für SF-Fans.

Duell der Leidenschaften

Eine prachtvolle Schnulze nach einem Liebesroman von Barbara Cartland. Schöne Lady, edler Lord, altes Schloß, gemeine Intrigen und glühende Küsse!
Vergiß es!

Der Supercop

Nach einem Atombombentest mutiert Dave zum Superbullen. Floridas Gangster haben Angst vor ihm. Einziges Problem: Wenn er böse wird, schwinden ihm die Kräfte.
Es geht.

Schindlers Liste

Die Geschichte Oskar Schindlers, der im zweiten Weltkrieg über 1000 Juden rettete. Regisseur: Steven Spielberg, Hauptdarsteller: Liam Neeson.
Spitze, aber er dauert etwa 4 Stunden!

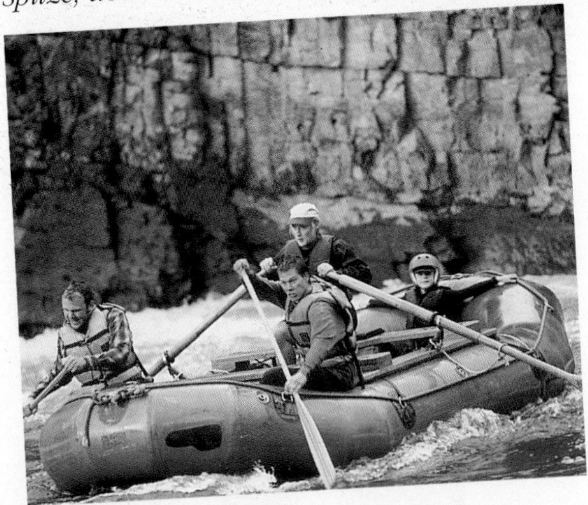

Am wilden Fluß

Meryl Streep in ihrem spektakulärsten Kassenerfolg seit „Jenseits von Afrika“. Atemberaubende Rafting-Szenen in den Stromschnellen von Montana.
Spannend.

Wild at Heart

Lula und ihr Freund Sailor fliehen quer durch Amerika. Ein ironisches Road Movie. Melodramatisch, kitschig, verrückt, wild, brutal und radikal, mit Laura Dern und Nicolas Cage.
Spannend.

Shogun

Nach einem Schiffbruch strandet im Jahre 1600 der englische Navigator John Blackthorne an der japanischen Küste. Mit Richard Chamberlain.
Volltreffer!

Mary Shelley's Frankenstein

Grandiose Neuverfilmung des Horrorklassikers. Ein Meisterwerk von Regisseur und Hauptdarsteller Kenneth Branagh, der als besessener Wissenschaftler Mitgefühl und Gänsehaut hervorruft. Ganz stark auch Robert de Niro als Kreatur.
Spitze für Horror-Fans.

Heavenly Creatures

Neuseeländischer Psycho-Thriller über eine extrem bizarre Teenager-Freundschaft, die schließlich in einem Mord gipfelt. Regisseur Peter Jackson drehte diesen aufrüttelnden, beängstigend schönen Film nach einer wahren Begebenheit.
Spannend.

Vier Hochzeiten und ein Todesfall

Der Komödienknüller '94. Ein Juwel englischen Humors. Hugh Grant in seiner Rolle als schöner Playboy mit Andie McDowell.
Volltreffer.

Was für Filme sind das?
Was würdest du gern sehen? Warum?

Weil ich ...filme gern sehe.
Weil ... mein(e) Lieblingsschauspieler(in) ist.

B Nachrichten

1 Erdbeben: Japan gräbt die Toten aus

2 Verkehrsunfall auf der Autobahn
Bei dichtem Nebel rasten sie wie die Verrückten!

3 Massendemonstration in der Ukraine
Die Situation ist sehr ernst.

4 Naturheilmittel vom Markt genommen
Mehr als 50 Personen leiden unter schweren Bauchschmerzen; 10 im Krankenhaus

5 Hochwasser in Asien
Tausende ertrunken und Städte zerstört

6 Feuer in einem Hochhaus in Frankfurt
Eine ganze Familie ist ums Leben gekommen.

7 *Prinz Herbert von Schauinsland läßt sich von seiner Prinzessin scheiden. Der 80jährige Prinz ist neulich mit einem 18jährigen Model in Monako gesehen worden.*

8 Fähre mit 300 Passagieren an Bord gesunken

35a **1a** Welches Bild gehört zu welchem Text?

35b **1b** Hör zu! Die Nachrichten. Welches Bild gehört zu welchem Bericht? (1–8)

z.B. 1 d

1c Schreib einen Titel zu diesen Bildern.

a

b

35c

1d Der Wetterbericht
Wie ist das Wetter in Deutschland?
Wie wird das Wetter morgen?

z.B. Heute. Im Norden: Regen, …

im Norden/Süden/Westen/Osten; in der Mitte
starker Wind aus (westlicher) Richtung

Das Wetter

Ein Tief wandert von den Britischen Inseln nach Deutschland und bringt kaltes Wetter, Wind und Regen mit.

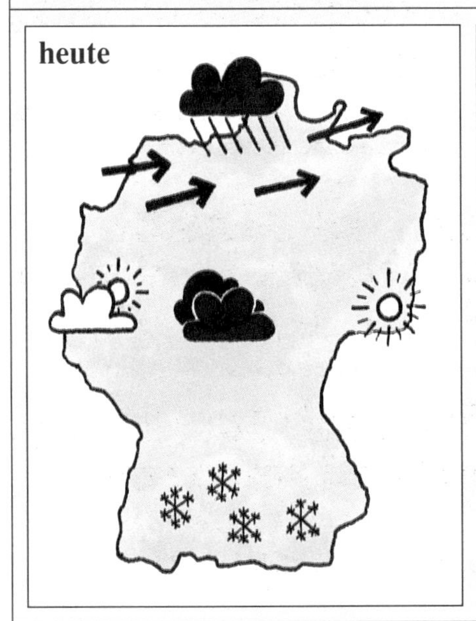

36

2 Wie grün ist dein Zuhause? Wie viele grüne Häkchen verdient deine Familie? Sei ehrlich!

Mit diesem Fragebogen kannst du jetzt herausfinden, wie „grün" es bei dir zu Hause ist.

1 Sammelst du oder deine Familie die folgenden Dinge?
- **a** Zeitungen ✓
- **b** Aluminiumdosen ✓
- **c** Gläser und Flaschen ✓
- **d** Plastikabfälle ✓✓
- **e** Kleider ✓

2 Ist etwas von den folgenden Dingen wärmeisoliert?
- **a** Dach ✓
- **b** Wassertank ✓
- **c** Fenster ✓

3 Was für Deodorants werden bei dir zu Hause benutzt?
- **a** Roll-On oder Stift ✓
- **b** Spray ✗
- **c** mit Pumpmechanismus ✓

4 Wenn du als letzter aus dem Zimmer gehst, läßt du das Licht an?
- **a** nie ✓✓
- **b** oft ✓
- **c** immer ✗

5 Wie kommst du zur Schule?
- **a** zu Fuß ✓✓
- **b** mit dem Rad ✓✓
- **c** mit dem Schulbus oder Linienbus ✓
- **d** du wirst mit dem Auto hingebracht ✗

Jeder Schüler geht im Jahr mindestens 400mal den Weg in die Schule und zurück.
Wie viele Kilometer fährst/gehst du jedes Jahr, um zur Schule zu gehen?

Pfandflasche = *returnable bottle*

6 Kauft ihr Orangensaft
- **a** in Pfandflaschen ✓✓
- **b** im Karton ✓

7 Steht auf der Toilettenpapierpackung
- **a** „aus 100% Altpapier" ✓✓
- **b** „teilweise aus Altpapier" ✓
- **c** gar nichts von Altpapier? ✗

8 Benutzt ihr Spraydosen mit FCKW?
- **a** ja, viel ✗
- **b** selten ✓
- **c** gar nicht ✓✓

9 Was machst du normalerweise?
- **a** ein Vollbad nehmen ✗
- **b** eine Dusche nehmen ✓

10 Was für Taschen nehmt ihr zum Einkaufen?
- **a** Stofftasche oder Korb ✓✓
- **b** alte Plastiktüten ✓
- **c** jedesmal eine neue Plastiktüte ✗

Weniger als 10 Häkchen: *Ihr habt noch viel über die Umwelt zu lernen.*
10–11 Häkchen: *Nur hellgrün.*
12–19: *Schon ziemlich grün!*
20+: *Sehr gut! Schon dunkelgrün!*

man darf = *you are allowed to/may*	man darf nicht = *you are not allowed to*
man muß = *you have to*	es ist verboten = *it is forbidden*
man soll = *you should*	es ist untersagt = *it is not allowed*
man kann = *you can/are able to*	(Das Radfahren) ist nicht erlaubt = *is not allowed*

Lesefutter 9

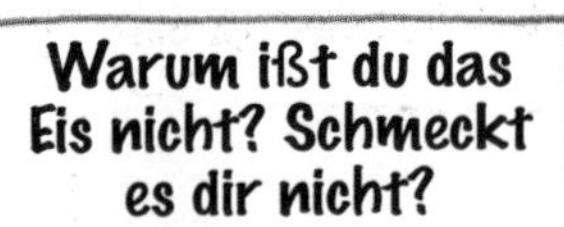

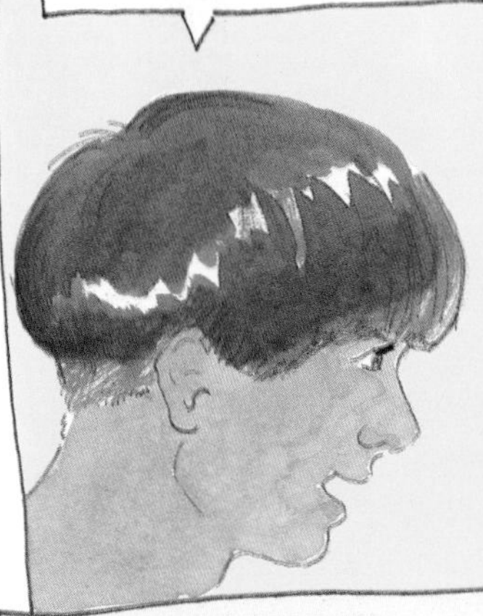

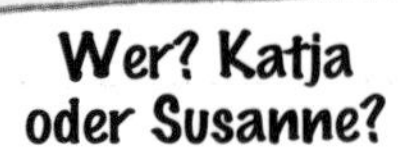

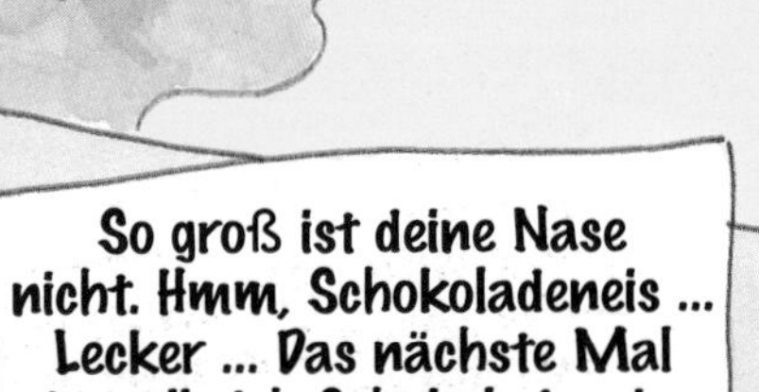

Äh! Du! Du hast
mein Eis gegessen!
Komm, wir müssen los!
Der Bus kommt gleich.
Zahlen! Könntest du
ielleicht für mich mit
Katja sprechen?
Sprich du sie
doch mal an!
Bruno hat sicher die
zwei auch auf seine
Party eingeladen.
H
Ja, richtig. Wir sehen uns
heute abend. Traust du dich,
mit Susanne zu tanzen?
Wenn Du mit
Katja tanzt!
FORTSETZUNG FOLGT ...

C Ringstraße um Dreitannenstadt geplant!

a Die Straßen und Geschäfte können schöner geschmückt werden.

b Eine Ringstraße bringt sehr viel Schmutz und Lärm mit sich.

c Es wird weniger Abgaser von den Autos geben, und die Luft wird sauberer. Das ist gut für Leute, die wie ich unter Asthma leiden.

d Die Leute werden in Großmärkte fahren und nicht mehr in der Stadt einkaufen.

e Man muß mehr Parkplätze und Parkhäuser bauen, und die werden weit von den Geschäften entfernt sein.

f Eine Ringstraße kostet eine Menge Geld. Man könnte mit dem Geld ein neues Freibad bauen.

g Bei schönem Wetter wird man draußen vor den Cafés sitzen können.

h Die Landschaft wird durch den Bau der Straße zerstört.

i Einige Privathäuser müssen abgerissen werden, um die Straße zu bauen.

j Wir brauchen eine Ringstraße, weil es heutzutage so viele große Lastwagen gibt. Es wird weniger Staus geben, weil diese dann nicht mehr durch die Stadt fahren müssen.

k Die Stadtmitte wird zu einer Fußgängerzone. Das finde ich gut, weil es dann nicht mehr so schmutzig in der Stadt ist.

1a Welche Texte sind für die Ringstraße, und welche sind dagegen?

z.B. ... ist gegen die Ringstraße.

1b Hör zu! Was meinen sie? Sind sie dafür ✔ oder dagegen ✘? (1–11)

1c **i.** Zu zweit. Was meint ihr? Eine Ringstraße in Dreitannenstadt?

ii. Schreib deine Meinung auf!

Es ist eine/keine gute Idee, weil ...

1d Was meinst du? Gibt es dort, wo du wohnst, eine Ringstraße? Wenn ja: Wie findest du die Ringstraße, gut oder schlecht? Wenn nein: Braucht die Stadt eine Ringstraße? Warum? Warum nicht?

z.B.

Ich finde die Ringstraße ... , Die Stadt braucht (k)eine Ringstraße,	
weil es so	viel Verkehr gibt gefährlich/schmutzig ist

lesen = *to read*

ich lese	wir lesen
du liest	ihr lest
er liest	sie lesen
sie liest	Sie lesen

Futur: ich werde lesen
Perfekt: ich habe gelesen
Präteritum: ich las
Fragen: Liest du? Lesen Sie?

Hast du das gelesen?

der/die Leser(in) = *reader*

Reisen und Tourismus

A Die Ferien

1a Rollenspiel. Interviewt euch gegenseitig.

37a

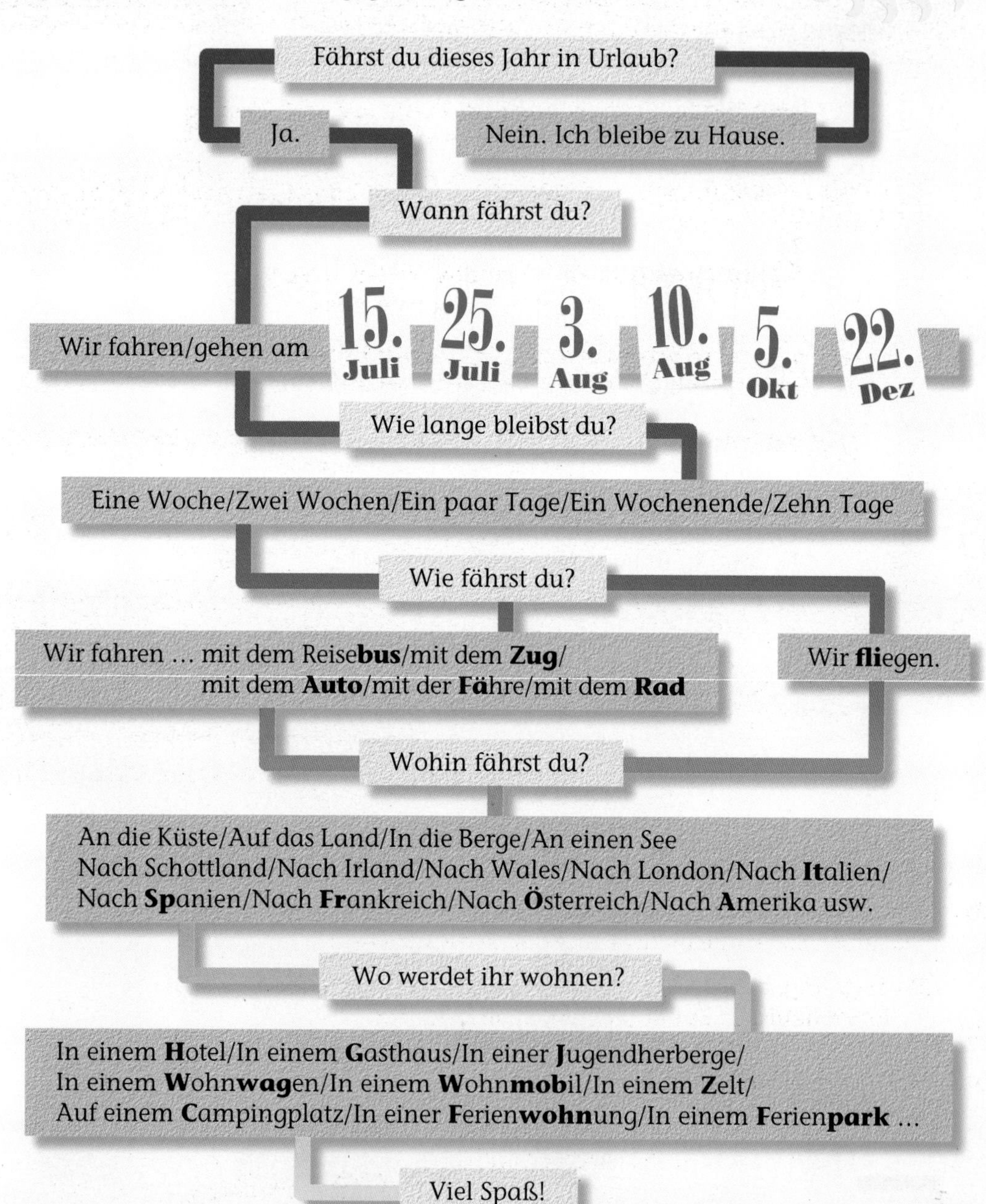

37b

1b Hör zu! Ferien.
Wann fahren sie? Wie fahren sie? Wohin fahren sie?
Und wo werden sie wohnen? (1–6)

z.B. 1 15. Juli, bus, Sp

2a Letztes Jahr. Interviewt euch gegenseitig.

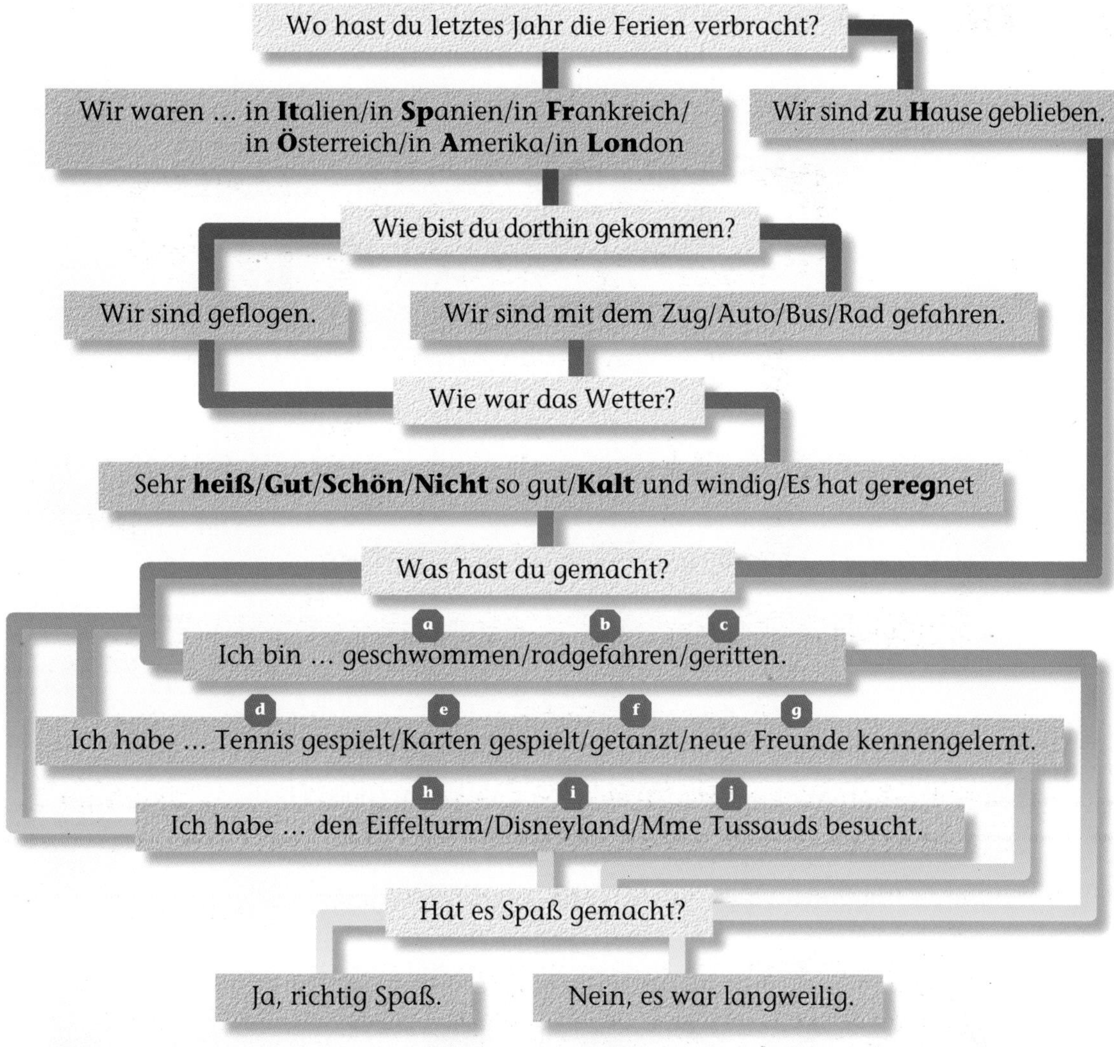

2b Hör zu! Wohin sind sie letztes Jahr gefahren? Wie war das Wetter? Was haben sie gemacht? Hat es Spaß gemacht? (1–6)

z.B. 1. (Ö, reg, a, b, c, d, g, ✔) Er/Sie war in ... Es war/hat ...
Er/Sie hat/ist ... Es hat (keinen) Spaß gemacht.

37c

2c Schreib einen Brief an Sonja und erzähl ihr über eure Ferien:

Liebe Sonja,

letztes Jahr sind wir nach ... gefahren.

Das Wetter war ...

Wir haben in ... gewohnt.

Ich habe ... gespielt, ich bin ... , und ich habe viele nette Freunde kennengelernt. Es hat richtig Spaß gemacht.

Dieses Jahr fahren/fliegen/bleiben wir ...

Dein(e)

A Die Ferien

38a

3a Rollenspiel. Wir fahren mit dem Zug.

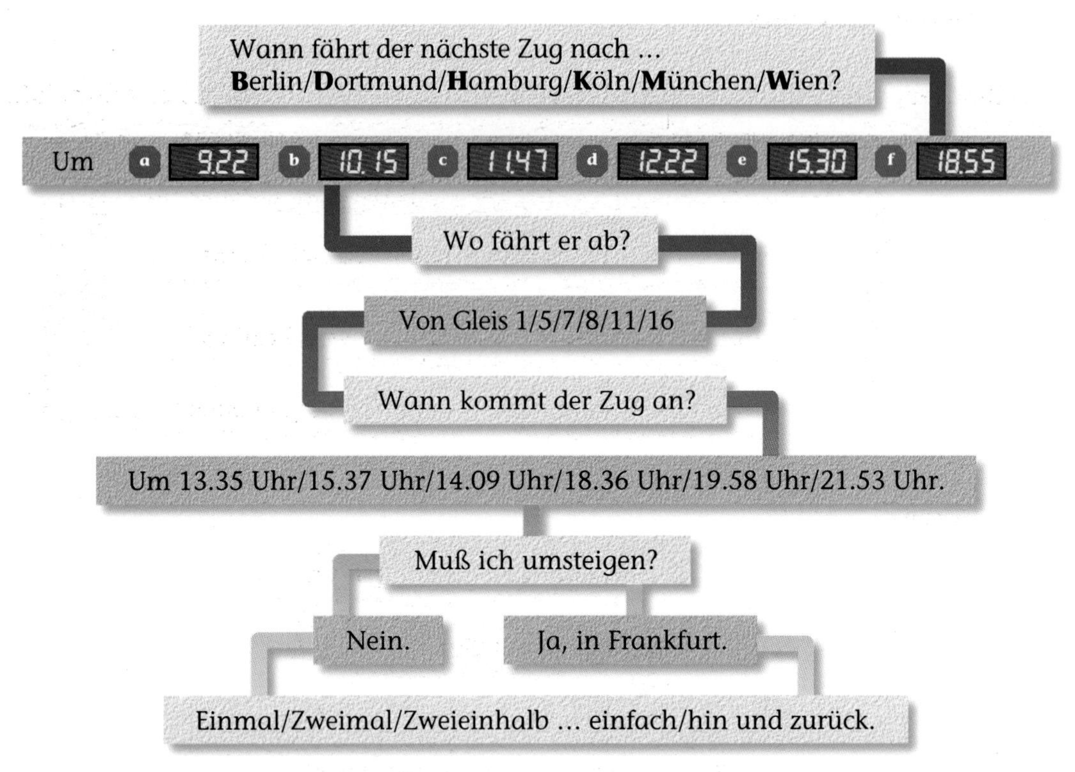

38b

3b Hör zu! Wann fährt der Zug? Wohin? Von welchem Gleis? (1–6)

z.B. 15.30, M, 1

3c Zu zweit. Schildersprache: Am Bahnhof und am Flughafen.

z.B. d ist der Ausgang.

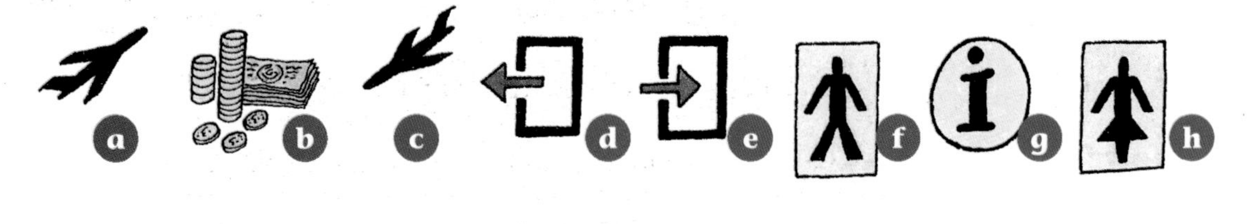

Abfahrt	Fahrkartenautomat
Ankunft	Fahrplan
Ausgang	Geldwechsel
Auskunft	Gepäckaufbewahrung
Bahnsteig	Herren
Damen	Kein Trinkwasser
Eingang	Schließfächer
Entwerter	Wartesaal

4a Rollenspiel. Wir fahren mit dem Auto.

An der Tankstelle

Notruf

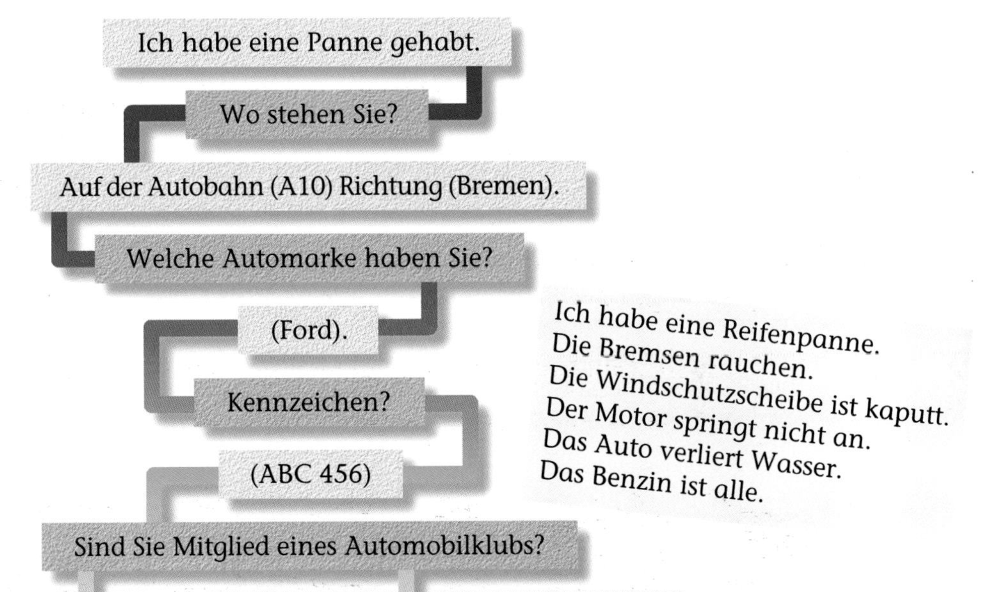

Ich habe eine Reifenpanne.
Die Bremsen rauchen.
Die Windschutzscheibe ist kaputt.
Der Motor springt nicht an.
Das Auto verliert Wasser.
Das Benzin ist alle.

4b Was kann man hier machen?

z.B. Man kann Informationen bekommen usw.

Gendarmerie = *police in country areas of Austria and Switzerland*
Proviant – Lebensmittel für die Reise

Ich arbeite in einem Hotel

Das Hotel hat 100 Zimmer und 142 Betten. Die Gäste kommen aus der ganzen Welt, aus Japan, Großbritannien, Amerika, Indien, China usw.

Das Personal

Herr Holz

Ich bin Hotelfachmann. Ich wollte Koch werden, aber das hat mir nicht so gut gefallen. Die Arbeit, die ich jetzt mache, ist vielseitiger, und der Job macht mehr Spaß. Ich mache alles: Rezeption, Bar, Service, Küche, Zimmer saubermachen. Ich werde später Manager werden.

Empfangsleiterin – Frau Lebück-Straub

Ich mache die Reservierungen, die Rechnungen, die Buchhaltung usw. Manchmal arbeite ich von sieben bis drei Uhr, und manchmal mache ich Spätdienst von drei Uhr bis einundzwanzig Uhr.

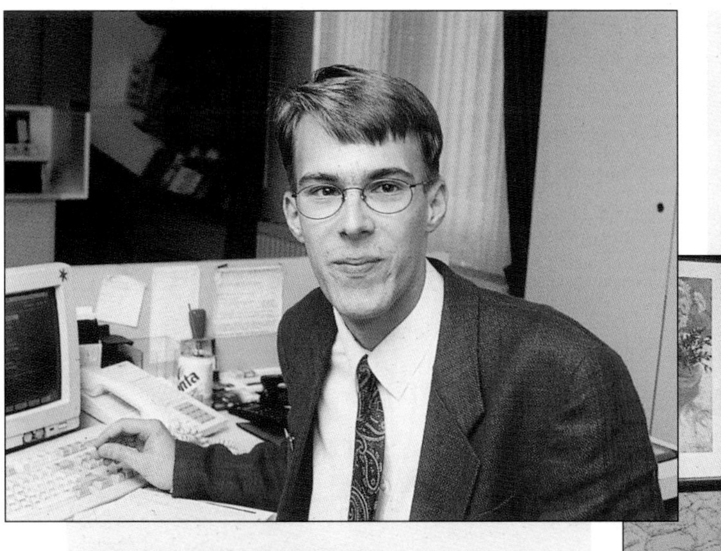

Hausdame – Frau Howlings

Ich bin für das Saubermachen im Hotel verantwortlich. Die Arbeit macht mir Spaß. Wir sind wie eine große Familie, und es gibt wenig Streß.

Assistent der Empfangsleiterin – Herr Bongartz

Die Arbeit macht mir großen Spaß, weil sie so vielseitig ist. Man hat Kontakt zu Menschen. Man muß nicht den ganzen Tag in einem Büro sitzen. Hier ist immer was los!

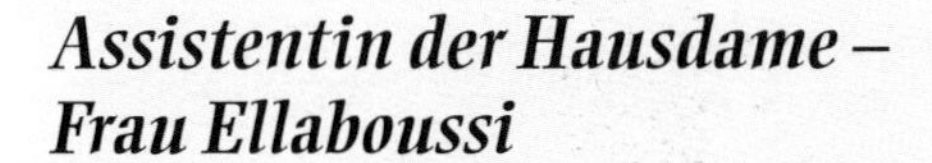

Assistentin der Hausdame – Frau Ellaboussi

Ich arbeite schon seit sechs Jahren hier. Wir haben vier Zimmermädchen, die mir helfen. Wir müssen die 100 Zimmer jeden Tag saubermachen und die Betten beziehen. Ich finde die Gäste meistens sehr nett, aber einige sind unfreundlich.

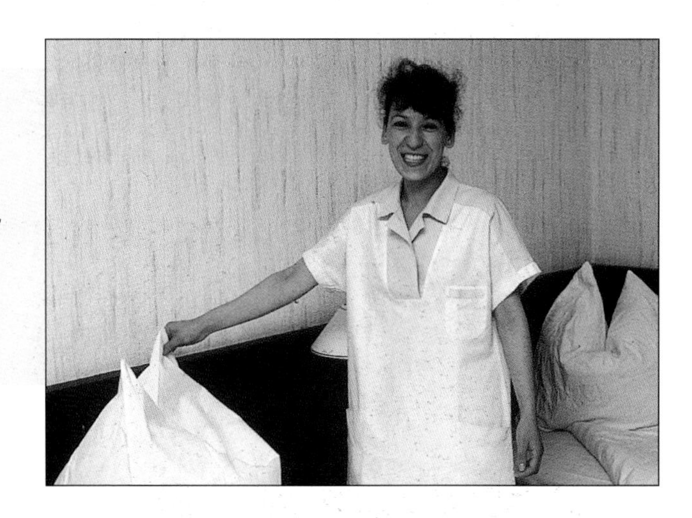

A *How many rooms are there in the hotel?*
What is Herr Holz's job and what does he think of it?
What hours does Frau Lebück-Straub work?
What does Frau Howlings say about her job?

B Du machst ein Betriebspraktikum in einem Hotel:
Was würdest du am liebsten machen?
Zimmer saubermachen; in der Küche kochen oder spülen; im Restaurant arbeiten; am Empfang helfen; am Computer arbeiten?

B Unterkunft

1a Rollenspiel. Auf dem Campingplatz.

39a

39b

1b Schreib einen Brief an einen Campingplatz, um einen Platz zu reservieren.

Newquay,
den 16. Mai

Sehr geehrte Damen und Herren!

Ich möchte einen Platz für einen Wohnwagen und ein Zelt für den Zeitraum vom 12. bis 26. Juli reservieren. Haben Sie ein Freibad auf dem Campingplatz? Kann man Tennis spielen? Gibt es ein Restaurant in der Nähe?

Mit freundlichen Grüßen

Nicky Stewart

2a Rollenspiel. Im Hotel oder Gasthaus.

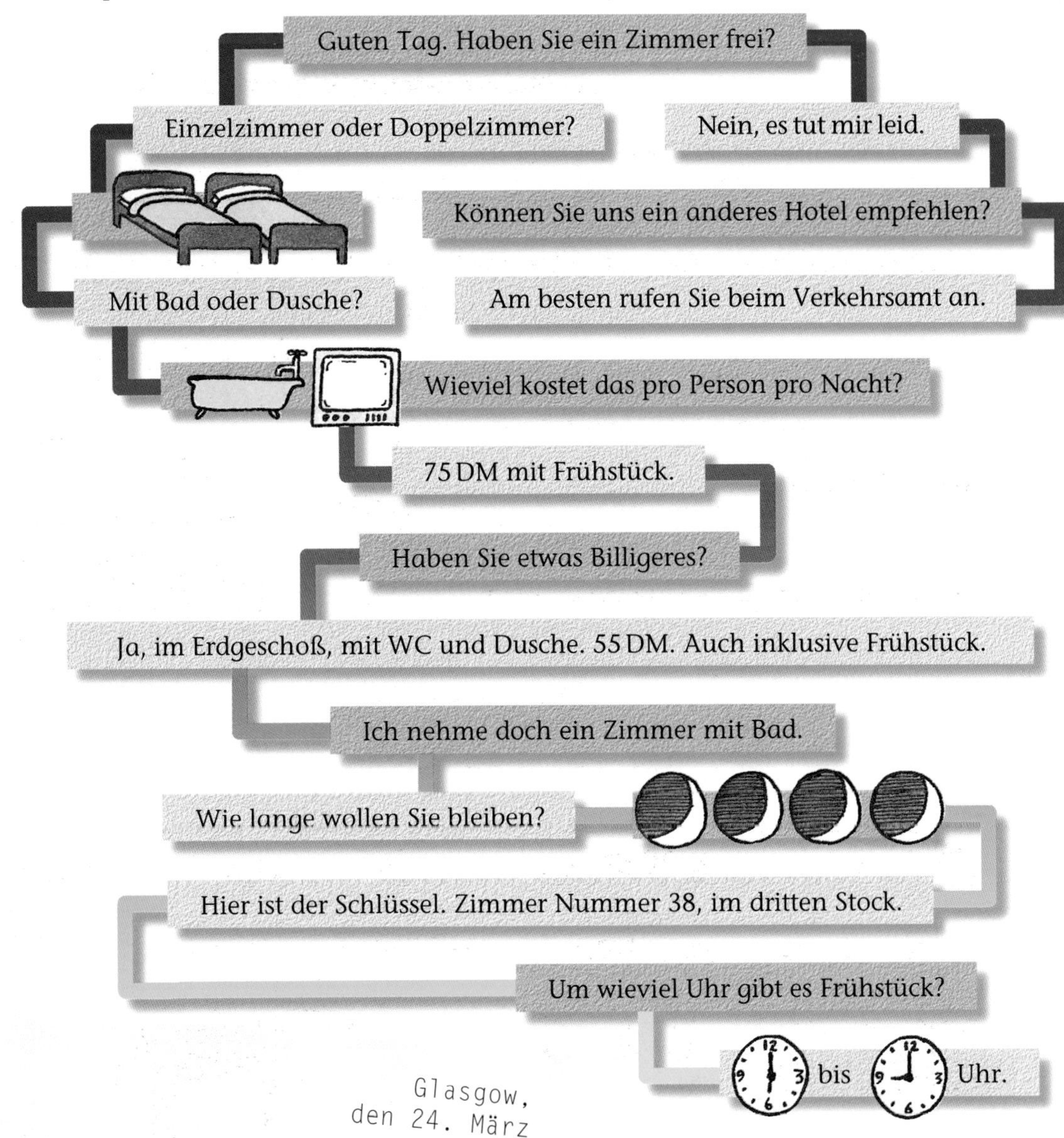

Glasgow,
den 24. März

Sehr geehrter Herr Glinck,

ich möchte ein Doppelzimmer mit Bad und ein Einzelzimmer mit Dusche für den Zeitraum vom 3. bis 10. Juni reservieren. Bitte schicken Sie mir eine Preisliste und eine Broschüre über das Hotel. Bieten Sie Halbpension an? Gibt es im Hotel ein Hallenbad und einen Fitneßraum? Was für Sport- und Ausflugsmöglichkeiten gibt es in der Umgebung?

Mit freundlichen Grüßen

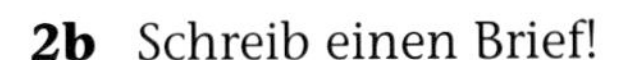

2b Schreib einen Brief!

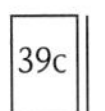

Please book two double rooms and a single room at the Gasthaus zum Löwen for me. We want rooms with bath or shower, from 5 to 12 Jan., half board. The proprietor is a Frau Schulz. Check if there is an indoor pool and gymnasium. Find out about the area if you can.

Freiburg und der südliche Schwarzwald

Freiburg: eine schöne historische Stadt im südlichen Schwarzwald.

Sehenswürdigkeiten

Das Rathaus. Jeden Tag um 12 Uhr erklingt das Glockenspiel.
Das Martinstor, das aus dem 13. Jahrhundert stammt, aber im 19. Jahrhundert erneuert wurde.
Das Münster, 12.–16. Jahrhundert.
Das Kaufhaus, im 16. Jahrhundert gebaut.

Ausflugsziele

Feldberg

Feldberg, höchstgelegener Ort im Schwarzwald und ideales Urlaubsgebiet zu allen Jahreszeiten. Den Feldberg, den höchsten Schwarzwaldberg, sehen Sie schon von weitem. Im Sommer ist der Feldberg mit seiner vielseitigen Landschaft von Wiesen, Wäldern, Tälern und Seen ein Erholungsort par excellence. Man kann auf den Berg oder durch den Wald wandern. Im Winter ist der Feldberg ein schneesicheres Zentrum für Alpin- und Langlaufski. Zahlreiche Lifte, Skischulen, Skibobschulen, präparierte Pisten und Skiloipen sind Mittelpunkt des sportlichen Betriebes.

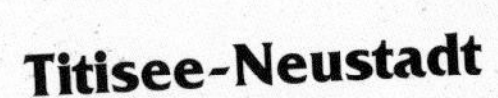

Titisee-Neustadt

Ein kleiner See in den Bergen nicht weit von Freiburg bietet Bademöglichkeiten und viele andere Sport- und Freizeitmöglichkeiten. Titisee ist ein idealer Ausgangspunkt für Wanderungen und Fahrten durch den südlichen Schwarzwald.

Der Schluchsee

Der Schluchsee ist der größte Schwarzwaldsee mit Möglichkeiten für fast alle Wassersportarten, z.B. Schwimmen, Windsurfen, Segeln und Tretbootfahren und andere Sommersportarten.

Freiburg und der südliche Schwarzwald

Freizeitmöglichkeiten

Im Schwarzwald kann man auch auf den vielen kleinen Seen segeln, Kajak fahren oder windsurfen. Man kann auch schwimmen gehen oder auf den vielen Wander- und Radwegen eine Wanderung oder Radtour machen. Man kann in den vielen schönen Hotels oder Gasthäusern übernachten oder auf einem Campingplatz zelten. Wer Lust auf Abenteuer hat, kann auch eine neue Sportart lernen, z.B. Gleitschirmspringen.

Der Schwarzwald ist nicht nur für Kuchen berühmt:

die Schwarzwälder Kirschtorte

ein alter Schwarzwaldbauernhof

Schwarzwaldtracht

3a Was kann man im Schwarzwald machen?

- Der Schwarzwald liegt in Südwestdeutschland.
- Man kann … besuchen.
- Man kann … besichtigen.
- Man kann in … wohnen.
- Man kann in den Seen … und auf den Seen …
- Man kann auf dem Feldberg …

3b Du hast die Ferien im Schwarzwald verbracht. Schreib eine Postkarte an Matthias. Was hast du gemacht?
Wie war das Wetter? Wo habt ihr gewohnt?
Hat es Spaß gemacht?

Das Wetter war ...
Wir haben (in einer Jugendherberge) gewohnt.
Wir haben ... gespielt usw.

4 Nora wird eine Woche im Lake District verbringen.
Erklär ihr, was sie da alles machen kann:

Im Lake District kannst du …
Man kann auch …

Boat trips on Windermere.

Excursion to Hawkshead, home of Beatrix Potter, author of the Peter Rabbit stories.

Swimming in the lake or in the swimming pool.

Waterskiing, sailing, windsurfing, canoeing on the lake.

Walking or hiking in the mountains.

Bicycle hire.

SCHON UM 6 UHR ABENDS KAM SUSANNE BEI KATJA ANGERAUSCHT.
GEMEINSAM HABEN SIE KATJAS KLEIDERSCHRANK AUF DEN KOPF GESTELLT.
Das schwarze Minikleid steht dir am besten!
SUSANNE HAT KATJA GESCHMINKT.
Gut, nicht?
BRUNOS PARTY IST SCHON VOLL IM GANGE.
Hallo, ihr zwei. Gut, daß ihr gekommen seid!
He, Christian, guck mal, da sind die zwei!
Echt? Wo?
Hoi! Mensch, Susanne sieht ja geil aus!

Wie geht die Geschichte weiter?

C Ferienfotos

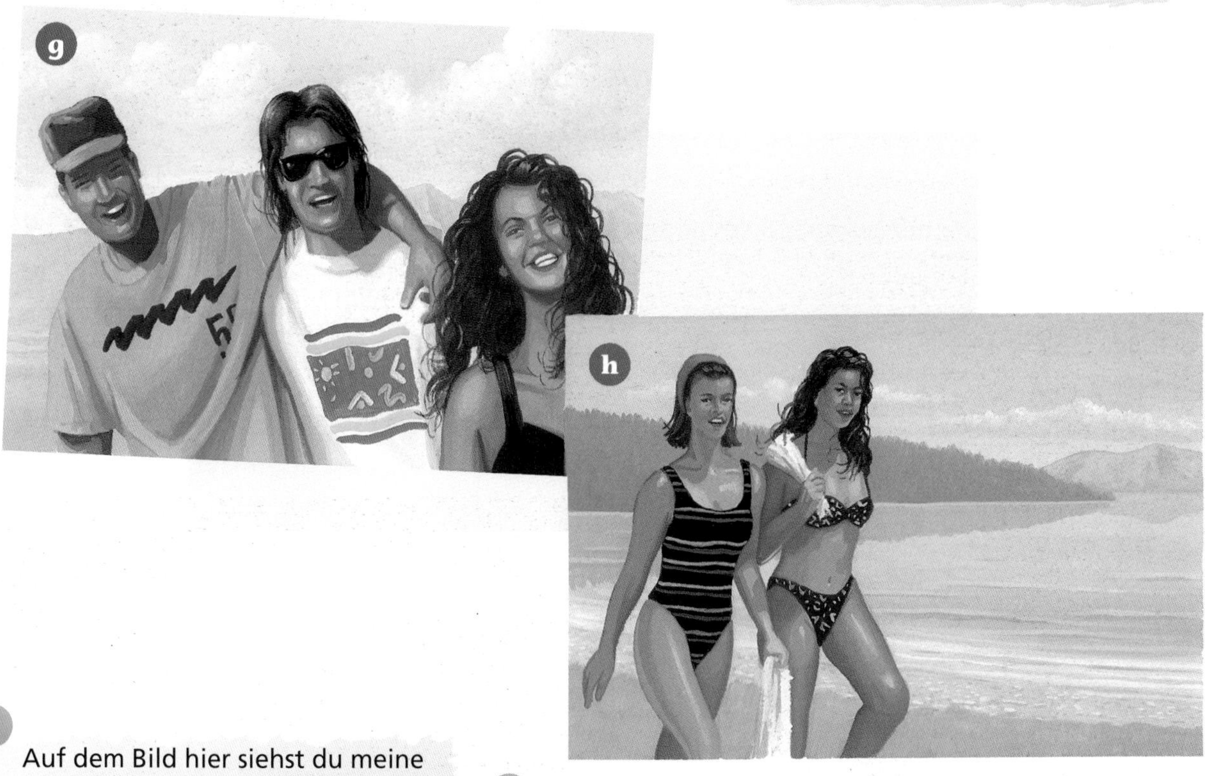

1 Auf dem Bild hier siehst du meine Freunde Dieter, Jens und Nina.

2 Hier ist Rudi, ein Freund aus Österreich. Wir haben uns auf dem Campingplatz kennengelernt.

3 Hier ist unser Zelt auf dem Campingplatz im Wald.

4 Hier auf diesem Bild gehen wir schwimmen.

5 Auf diesem Bild sitzen wir um den Tisch und trinken und spielen Karten.

6 Hier machen wir eine Radtour.

7 Fritz hat eine Reifenpanne!

8 Das ist der See, wo wir geschwommen sind.

1 Phantasiespiel:
Hier sind deine Ferienfotos.

a Ordne die Bilder den Texten zu.

b Schreib einen Brief an Jörg und berichte ihm von den Ferien mit Dieter, Nina und Jens.

c Schreib eine Postkarte an Susanne.

d Schreib ein Tagebuch. Was hast du gemacht? Wie bist du mit den anderen ausgekommen? Wer hat gekocht? Wer hat geschnarcht?!

Treffpunkt

Inhalt

1 *Der, die* or *das?*

1A Nouns (Nomen)

(To find out if a word is a noun try saying 'the' in front of it in English.)

the boy the school the weather

In German all nouns are written with a capital letter:

der Junge die Schule das Wetter

1B Definite article (definiter Artikel)

German nouns are all masculine, feminine or neuter. The word for 'the' depends on which sort of noun it goes with:

Maskulinum	**Femininum**	**Neutrum**
der Tisch – the table	die Tür – the door	das Bett – the bed

▶ What do these words mean? Are they der, die or das words?

Copy the words and add der, die or das in front of each one. Look up words you don't know. Can you add one word to each list?

a	Stadt	Bahnhof	Büro	Wagen	Kirche	Geschäft	?
b	Haus	Fenster	Zimmer	Schrank	Uhr	Stuhl	?
c	Kleidung	Anzug	Jacke	Schuh	Hemd	Hose	?
d	Tasche	Buch	Stift	Kuli	Etui	Apfel	?
e	Kaffee	Tasse	Glas	Wasser	Löffel	Milch	?

f Kopf	Hand	Bein	Arm	Haar	Fuß	?
g Mutter	Vater	Bruder	Tante	Baby	Schwester	?

Most words ending in -e are die words: die Schule, die Jacke, die Tasche
exceptions: der Junge der Name der Käse

Most foreign words and words ending in -o are das words:
das Radio das Restaurant das Hotel das Büro

Most words ending in -in are feminine: der Lehrer/die Lehrerin
der Koch/die Köchin
der Beamte/die Beamtin

Words made up of more than one word always take the der, die or das of the last part of the word: e.g. der Wagen – the car der Lastwagen – the lorry

► Der, die or das? Which goes with these words? What do they mean in English?

a Krankenwagen	**d** Bauernhof	**g** Supermarkt	**j** Informationsbüro
b Sporttasche	**e** Lederjacke	**h** Rathaus	**k** Badeanzug
c Badezimmer	**f** Trinkwasser	**i** Kleiderschrank	**l** Armbanduhr

Can you think of two more?

1C If you want to say 'a' instead of 'the' you use:

ein (einen) for der words
eine for die words
ein for das words

	Mask.	**Fem.**	**Neutr.**
the ...	der Hund	die Katze	das Kaninchen
a ...	ein Hund	eine Katze	ein Kaninchen

► Ein or eine?

Kirche Rathaus Informationsbüro Bahnhof Haus Schule Hallenbad

'der' words. If you say 'I have a ...', 'ein' becomes 'einen':
einen Hund eine Katze ein Kaninchen

e.g. Ich habe **einen** Bruder, eine Schwester und **einen** Hamster.

For more on this see 9, and Grammatik sheet 2.

1D Mein, meine, mein – my

The word for 'my' also has different forms to go with masculine, feminine and neuter words.

	Maskulinum	**Femininum**	**Neutrum**	**Plural**
a	ein(en)	eine	ein	
my	mein(en)	meine	mein	meine

Ich habe | einen Bruder. Mein Bruder heißt …
eine Schwester. Meine Schwester heißt …
ein Buch. Mein Buch heißt „Marti und das Monster".

► Stell deine Familie vor! Introduce your 'family':

Hier sind
… Vater,
… Mutter,
… Bruder,
… Schwester,
… Onkel,
… Tante,
… Großvater,
… Großmutter,
… Hund und
… Katze.

For more about the different forms, see 9.

1E In German there is a special word for 'not a'.

	Mask.	**Fem.**	**Neutr.**
a	ein Bruder	eine Schwester	ein Buch
I have a	einen Bruder	eine Schwester	ein Buch
I haven't a	keinen Bruder	keine Schwester	kein Buch

2 Numbers, days, dates and times

2A Die Zahlen – the numbers

null	zehn	zwanzig	dreißig
eins	elf	einundzwanzig	vierzig
zwei	zwölf	zweiundzwanzig	fünfzig
drei	dreizehn	dreiundzwanzig	sechzig
vier	vierzehn	vierundzwanzig	siebzig
fünf	fünfzehn	fünfundzwanzig	achtzig
sechs	sechzehn	sechsundzwanzig	neunzig
sieben	siebzehn	siebenundzwanzig	hundert
acht	achtzehn	achtundzwanzig	zweihundert
neun	neunzehn	neunundzwanzig	zweihundertfünfzig

am ersten am zweiten am dritten am vierten am fünften
am sechsten am siebten am achten am neunten am zehnten
am zwanzig**s**ten am einundzwanzig**s**ten am dreißig**s**ten

2B Die Tage – days

Montag Dienstag Mittwoch Donnerstag Freitag Samstag Sonntag

2C Die Monate – months

Januar Februar März April Mai Juni Juli
August September Oktober November Dezember

▶ Welchen Tag haben wir heute? What is the date today?

e.g. Heute ist (Montag der 18. Oktober)

a Di 4 Dez b Fr 21 Juni c So 1 Nov d Do 31 Mai e Mo 10 Okt f Mi 27 Febr

▶ Wann hast du Geburtstag? When's your birthday?

Mein Geburtstag ist (am achtzehnten Januar).

Wann haben sie Geburtstag? Am …

15. Sept 4. Juli 25. Okt 30. Mai 2. Jan 8. Dez

2D Die vier Jahreszeiten – the four seasons

der Frühling	der Sommer	der Herbst	der Winter
im Frühling in spring	im Sommer in summer	im Herbst in autumn	im Winter in winter

2E Wieviel Uhr ist es? – What time is it?

Es ist zwei Uhr Viertel nach zwei halb drei Viertel vor drei

fünf nach zehn nach fünfundzwanzig nach zwanzig vor zehn vor

elf Uhr acht

dreizehn Uhr vierundfünfzig

achtzehn Uhr zwanzig

neunzehn Uhr vierzig

einundzwanzig Uhr dreißig

▶ Wie spät ist es? What time is it?

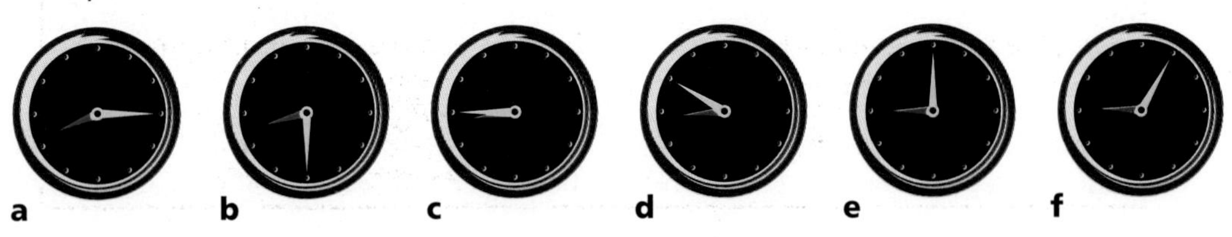

Um wieviel Uhr treffen wir uns? What time shall we meet?

Um …

2F Nützliche Redewendungen

Guten Tag!　Guten Morgen!　Guten Abend!　Gute Nacht!
der Tag　die Woche　der Monat　das Jahr

letztes Jahr/letzte Woche = last year/last week
nächstes Jahr/nächste Woche = next year/next week
am Wochenende = at the weekend
gestern abend = last night
heute früh = this morning (today, early)
morgen vormittag = tomorrow morning
übermorgen = the day after tomorrow
vorgestern = the day before yesterday

3 *My day*

3A In the morning. How to say:

i. what you are doing or normally do, using the present tense, and

ii. what you have done, using the past (perfect) tense:

Present Heute	Perfect Gestern
Ich stehe auf.	Ich bin aufgestanden.
Ich wasche mich.	Ich habe mich gewaschen.
Ich wasche mir die Haare.	Ich habe mir die Haare gewaschen.
Ich dusche.	Ich habe geduscht.
Ich ziehe mich an.	Ich habe mich angezogen.
Ich gehe in die Küche.	Ich bin in die Küche gegangen.
Ich frühstücke.	Ich habe gefrühstückt.
Ich esse … .	Ich habe … gegessen.
Ich trinke … .	Ich habe … getrunken.
Ich verlasse das Haus.	Ich habe das Haus verlassen.
*Ich gehe/fahre zur Schule.	Ich bin zur Schule gefahren/gegangen.
Ich komme um … Uhr in der Schule an.	Ich bin um … Uhr in der Schule angekommen.

*Use fahren if you use transport and gehen if you walk.

Ich gehe zur Schule (zu Fuß).

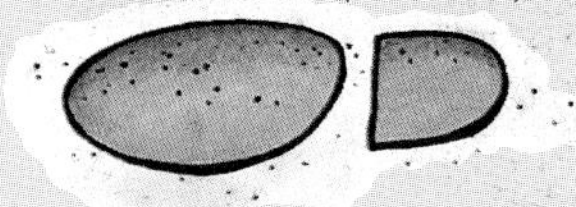

Ich fahre in die Stadt (mit dem Bus).

3B In the afternoon and evening:

Present Heute	Past Gestern
*Ich gehe/fahre in die Stadt.	Ich bin in die Stadt gegangen/gefahren.
Ich treffe mich mit Freunden.	Ich habe mich mit Freunden getroffen.
Ich mache meine Hausaufgaben.	Ich habe meine Hausaufgaben gemacht.
Ich helfe meiner Mutter.	Ich habe meiner Mutter geholfen.
Ich sehe fern.	Ich habe ferngesehen.
Ich höre Musik.	Ich habe Musik gehört.
Ich faulenze.	Ich habe gefaulenzt.
Ich gehe ins Bett.	Ich bin ins Bett gegangen.
Ich lese.	Ich habe gelesen.

► Was sagen sie? a. Heute: Ich stehe … usw b. Gestern: Ich habe/bin

▶ Was machst du an einem normalen Schultag?
Was hast du gestern gemacht?

3C Word order: the verb always comes second in the sentence.

and

Wanna? wie? wohin? The expression of time often comes first!
If it does, then ich moves to immediately after the verb.

● ▲ ◢	◢	▲	● ◢
Ich stehe auf.	Um sieben Uhr	stehe	ich auf.
Ich treffe mich mit Freunden.	Nach der Schule	treffe	ich mich mit Freunden.
Ich gehe einkaufen.	Am Wochenende	gehe	ich einkaufen.
Ich fahre nach Frankreich.	In den Sommerferien	fahre	ich nach Frankreich.

▶ Wann machen sie das? Was sagen sie? Make sentences:

	● ▲	◢	◢	▲ ● ◢
a	Ich treffe	mich mit Freunden.	Am Samstag …	
b	Ich mache	meine Hausaufgaben.	Abends …	
c	Ich spiele	Tennis.	Nach der Schule …	
d	Ich gehe	schwimmen.	Am Wochenende …	
e	Ich gehe	ins Bett.	Um zehn Uhr …	
f	Ich gehe	Ski laufen.	In den Winterferien …	

4 *Plurals*

4A The word for 'the' in the plural is die.

4B As German words make their plural in many different ways the plural forms of useful words are indicated in the vocabulary in brackets:

der Tisch(e) = die Tische   die Tür(en) = die Türen   das Haus(¨er) = die Häuser

How to make the plural: add the ending shown in brackets. If there is an Umlaut put it on an a, o or u in the word.

Einzahl (Singular)	Mehrzahl (Plural)
der Tisch	die Tische
die Tür	die Türen
das Haus	die Häuser
der Bruder(¨)	die Brüder
die Schwester(n)	die Schwestern

▶ What is the plural form of these words?

a das Buch(¨er) – die …
b der Hund(e) – die …
c die Tasche(n) – die …
d das Kind(er) – die …
e die Katze(n) – die …
f das Auto(s) – die …

4C How to use dictionaries:

The plural is usually indicated in dictionaries like this:

Kind nt -(e)s, -er
nt tells us that it is a neuter or 'das' word
-(e)s tells us how to make the genitive form (not often needed)
-er You make the plural by adding -er: das Kind – die Kinder

Katze f -, -n
f tells us it is a feminine or 'die' word
- tells us it does not change in the genitive
-n You make the plural by adding -n: die Katze – die Katzen

Hund m -(e)s, -e
m tells us it is a masculine or 'der' word
-(e)s tells us the genitive case is made by adding -s or -es
-e You make the plural by adding -e: der Hund – die Hunde

Fenster nt -s, -
nt = neuter or 'das' word
-s = genitive 'Fensters'
- plural stays the same: das Fenster – die Fenster

► Die Sehenswürdigkeiten: There are two of everything in Zweibrückenstadt. How would you say what there is in German?

Es gibt zwei ...

der Bahnhof(¨e) die Brücke(n) die Burg(en) der Fernsehturm(¨e) der Fluß(¨sse)
das Kino(s) die Kirche(n) der Marktplatz(¨e) das Museum(-een)
der Park(s) das Schloß(¨sser) der See(n) der Wald(¨er)

Most masculine nouns add	-e	der Hund	die Hunde
	¨	der Bruder	die Brüder
	¨e	der Stuhl	die Stühle
Most feminine nouns add	-n	die Tasche	die Taschen
	¨	die Mutter	die Mütter
	¨e	die Stadt	die Städte
Most neuter nouns add	¨er	das Buch	die Bücher
	-	das Fenster	die Fenster

Try to learn the ones that you need most, e.g.

Ich habe zwei Brüder. Sie heißen ... und ...
zwei Schwestern. Sie heißen ... und ...

5 Verbs in the present tense

5A The infinitive (Infinitiv). The basic form of the verb is called the infinitive and ends in -en:

kaufen – to buy   spielen – to play   gehen – to go
essen – to eat   fahren – to go (by transport)

This is the form you will find when you look a verb up in a dictionary.

5B The present tense (Präsens)

'I do or make' or 'I am doing or making' etc.

The Ichform ends in **-e**	Ich gehe in das Haus.	Ich trinke ...	I
The Duform ends in **-st**	Wohin gehst du?	Was trinkst du?	you
The Erform ends in **-t**	Er/Sie/Es geht ...	Er/Sie trinkt Fanta.	he/she/it
The Wirform ends in **-en**	Wir gehen ...	Wir trinken ...	we
The Ihrform ends in **-t**	Ihr geht ...	Ihr trinkt ...	you
The Sieform ends in **-en**	Sie gehen ...	Sie trinken ...	they/you

5C Some verbs change the vowel in the Du- and Erform. The most common ones are:

essen – ißt   geben – gibt   helfen – hilft   lesen – liest
nehmen – nimmt   sehen – sieht   sprechen – spricht   treffen – trifft

5D Some verbs take an an Umlaut in the Du- und Erform.

The most common ones are:

fahren – fährt   fangen – fängt   laufen – läuft
schlafen – schläft   tragen – trägt   waschen – wäscht

▶ Copy the text and fill in the correct form of the verb:

Meine Freizeit.

Ich ... (spielen) gern Tennis und Basketball und ... (fahren) gern Rad.
Im Sommer ... (schwimmen) ich gern und ... (gehen) gern windsurfen.
Im Winter ... (fahren) ich gern Ski und ... (laufen) gern Schlittschuh.
Wenn das Wetter kalt ist, ... (bleiben) ich am liebsten zu Hause.
Ich ... (lesen), ... (sehen) fern oder ... (hören) Musik.
Am Samstag ... (gehen) ich in die Stadt und ... (treffen)
mich mit meinen Freunden. Wir gehen zu McDonalds, und ich ... (essen)
einen Big Mac und ... (trinken) einen Milchshake.

▶ Now say what Christoph does. Change the ich to er.

Er spielt ... usw.

If you are talking about yourself you use the Ichform.

To make the Ichform you take the -en off the infinitive and add -e:

ich	kaufe	spiele	gehe	esse	fahre

If you are talking about someone else (he/she/it) you use the Erform.

To make the Erform you take the -en off the infinitive and add -t:

Er/Sie	kauft	spielt	geht	*ißt	*fährt

If you are asking a question you use
either the Duform – to someone you know well
or the Sieform – or 'polite' form.

To make the Duform you take the -en off the infinitive and add -st.

The Sieform is the same as the infinitive!

Kaufst	Spielst	Gehst	*Ißt	*Fährst	du?
Kaufen	Spielen	Gehen	Essen	Fahren	Sie?

▶ What would you say to find out if

a. a friend liked doing the following (Duzen), and

b. an adult liked doing them (Siezen) ...

5E The future

The present tense is often also used to talk about what is going to happen. There is another way of talking about what is going to happen, which is to use the verb werden and the infinitive of the verb.

Es wird regnen.

The infinitive is also used in the expression um ... zu ... – 'in order to'.

Ich nehme normalerweise eine Dusche, um Wasser zu sparen.

6 Haben and sein ... and the perfect tense

6A The verbs 'to have' and 'to be' in the present tense:

	to have haben	to be sein
singular:	ich habe – I have	ich bin – I am
	du hast – you have	du bist – you are
	er/sie/es hat – he/she/it has	er/sie/es ist – he/she/it is
plural:	wir haben – we have	wir sind – we are
	ihr habt – you (*pl*) have	ihr seid – you (*pl*) are
	sie haben – they have	sie sind – they are
	Sie haben – you have (*Polite form*)	Sie sind – you are (*Polite form*)

6B and the perfect tense ...

To talk about the something you have done or something that happened in the past you mostly use the perfect tense in German:

Hast du den Film gesehen? Have you seen that film?
Ich bin in die Stadt gegangen. I went to town.

6C In English the perfect tense is made up of 'have/has' and the past participle: 'been, had, bought, finished' etc.

I have eaten; he has danced etc.

To form the perfect tense in German you use 'haben' or 'sein' and the past participle.

6D Formation of the past participle

The past participle usually begins with ge-.

weak verbs	* strong verbs	(with vowel change)
ge + mach + t	ge + sehen	ge + schwommen (schwimmen)
ge + kauf + t	ge + fahren	ge + gangen (gehen)
ge + tanz + t	ge + lesen	ge + holfen (helfen)
ge + spiel + t	ge + kommen	ge + nommen (nehmen)

*For more strong verbs see Section 13.

► Look up and make a list of the past participles of these strong verbs:

a bleiben – to stay **b** essen – to eat **c** fliegen – to fly **d** geben – to give
e schlafen – to sleep **f** sprechen – to speak **g** stehen – to stand **h** tragen – to wear
i treffen – to meet **j** trinken – to drink **k** waschen – to wash **l** ziehen – to pull

6E Word order in sentences in the perfect tense.

In English the past participle (V2) comes straight after 'have' (V1).
In German the past participle (V2) goes to the end of the sentence.

V1 V2	V1	V2
I have played football.	Ich habe Fußball	gespielt.
I have eaten my tea.	Ich habe zu Abend	gegessen.
I have danced all night.	Ich habe die ganze Nacht	getanzt.

6F In German some verbs 'go with' sein instead of haben.
These are mostly verbs to do with movement: walking, running, driving etc.

I went to town — Ich bin in die Stadt gegangen.

The most common verbs which 'go with' sein are:

gehen: Ich bin zur Post gegangen.
kommen: Bist du mit dem Bus gekommen?
fahren: Er ist mit dem Zug gefahren.

▶ Make up three more sentences of your own using

a Ich bin ... gefahren. **b** Sie ist ... gegangen. **c** Bist du ... geblieben?

6G The imperfect (Präteritum)

When you are talking about something that has happened in the past, you can also use the imperfect tense:

She had breakfast and left the house. — Sie frühstückte und verließ das Haus.

The Erform of the imperfect is the same as the Ichform. This tense is mainly used in written reports, except for some common expressions like the following:

Ich/Er/Sie war sehr müde. – I/He/She was very tired.
Es war kalt/sonnig/windig etc. – It was cold/sunny/windy etc.
Ich hatte kein Geld. – I had no money.
Ich wollte (Tennis spielen). – I wanted to (play tennis).
Ich konnte (mitfahren). – I could/was able to (go too).
Ich mußte (arbeiten). – I had to (work).
Ich wußte nicht. – I didn't know.

There are more imperfect forms in Section 13.
For more practice see Grammatik sheet 15.

6H The conditional

To say 'would do' etc., you use something called the conditional. Here are some phrases using some of the most commonly found conditional forms in German.

Was möchtest du jetzt machen? Ich möchte schwimmen gehen.
What would you like to do now? I'd like to go swimming.

Was würdest du gerne später werden? Ich würde gerne Tennisprofi werden.
What would you like to be (*literally* become later)? I'd like to be a tennis pro.

Was hättest du gern? Ich hätte gern einen Kaffee.
What would you like? I'd like a coffee.

In this tense the Erform is the same as the Ichform:

Ich/Er/Sie würde gern Polizist(in) werden.
I/He/She'd like to be (*literally* become) a policeman/woman.

7 Other verbs

7A Separable verbs (trennbare Verben). These verbs are made up of two parts.

i. Present tense: the first part of the verb (the prefix) goes to the end of the phrase or sentence:

ii. Past participle: the 'ge' goes between the prefix and the rest of the verb

infinitive	present tense	past participle
ab/fahren	Der Zug fährt um 19.00 Uhr ab.	*ist abgefahren
an/fangen	Der Film fängt um 18.00 Uhr an.	angefangen
an/ziehen	Ich ziehe eine Hose und einen Pulli an.	angezogen
auf/stehen	Ich stehe um 7.00 Uhr auf.	*ist aufgestanden
an/kommen	Er kommt immer spät an.	*ist angekommen
auf/räumen	Ich räume mein Zimmer auf.	aufgeräumt
ein/kaufen	Sie kauft im Supermarkt ein.	eingekauft
fern/sehen	Ich sehe gern fern.	ferngesehen

► Now put the same sentences into the perfect tense.

a Der Zug ist um 19.00 Uhr abgefahren.
b Der Film hat um 18.00 Uhr ...
c Ich habe ...
d Ich bin um ...
e Er ist ...
f Ich habe ...
g Sie hat ...
h Ich habe ...

7B Reflexive verbs (reflexive Verben)

e.g. sich waschen – to wash (oneself)

ich wasche mich
du wäschst dich
er wäscht sich

sich anziehen – to dress (oneself)

ich ziehe mich an
du ziehst dich an
er zieht sich an

► Copy out these sentences, filling in the gaps.

a Hast du ... angezogen?
b Sie hat ... angezogen.
c Er hat ... gewaschen.
d Ich habe ... gewaschen.
e Hast du ... gewaschen?
f Ich habe ... angezogen.

7C Modal verbs (Modalverben). These usually need another verb to go with them.

dürfen – ich darf gehen – I may (am allowed to) go
können – ich kann fahren – I can drive
*mögen – ich möchte schwimmen – I'd like to swim
müssen – ich muß mein Zimmer aufräumen – I have to tidy my room
sollen – ich soll schlafen gehen – I ought to go to sleep
wollen – ich will nach Hause gehen – I want to go home

*Möchte is a special form of mögen (see 6H).
The present tense of mögen doesn't usually need another verb with it:

Ich mag den neuen Lehrer nicht. I don't like the new teacher.

▶ Copy these sentences and fill in the gaps. (N.B. There may be more than one right answer.)

a ... ich eine Dusche nehmen?
b ... du mir helfen?
c ... du schon nach Hause?
d ... du deiner Mutter helfen?
e ... du ins Kino gehen?
f ... ich jetzt fernsehen?
g ... ich mitkommen?

8 Adjectives

8A Adjectives are describing words: 'red, big, boring' etc.

8B After parts of the verb 'to be' (sein: bin; ist; sind; war etc.) the adjective doesn't change:

Ich **bin** groß und ziemlich schlank. Mein Hund **war** klein und dick.
Die Jacke **ist** weiß, der Pulli **ist** rot, und die Schuhe **sind** schwarz.

8C When an adjective comes in front of the person or thing it is describing it has to 'agree' with it by adding a special ending which changes according to gender and case.

For instance, if you are talking about what someone is wearing, you say:

	Mask. (der)	**Fem.** (die)	**Neutr.** (das)	**Pl.** (die)
Er/Sie trägt:	einen rot**en** Pulli	eine grau**e** Hose	ein weiß**es** Hemd	schwarz**e** Schuhe

▶ What would you use to say you were wearing these?

Ich trage ...

der Schlips

der Pulli

das Kleid die Bluse

die Jeans

die Jacke der Anzug

8D Comparison

When you want to compare two things, you add -er to the end of the adjective, just like 'big – bigger' in English. The superlative (the 'biggest' etc.) is am ... sten.

klein	kleiner	am kleinsten
schnell	schneller	am schnellsten
langsam	langsamer	am langsamsten
schlecht	schlechter	am schlechtesten

Some adjectives have special comparative forms:

groß	größer	am größten
gut	besser	am besten

9 Cases

The words for 'the', 'a', 'my' etc. change according to what case the word is in, and so do the endings of adjectives.

There are four cases in German: nominative, accusative, genitive and dative. The two used most often are the nominative and accusative.

The nominative (Nominativ) is used for the subject, the person or thing who does the action. In English the subject comes in front of the verb:

The boy/John is riding his bike. I have lost my bag.

The accusative (Akkusativ) is used for the object – the one that has the action done to it. In English the object comes after the verb:

The boy/John is riding his bike. I have lost my bag.

The dative (Dativ) is used for the indirect object – He lent the CD to his friend.

The genitive (Genitiv) shows possession and is one way of translating 'of'.

At the end of the street: am Ende der Straße. In spite of the weather: trotz des Wetters.

More about cases on Grammatik sheet 2.

Here are all the different forms and endings:

Group 1 Adjectives only, with none of the other words in front of them:

	Mask.	Fem.	Neutr.	Pl.
Nom.	kalt**er** Fisch	warm**e** Milch	blond**es** Haar	blau**e** Augen
Akk.	kalt**en** Fisch	warm**e** Milch	blond**es** Haar	blau**e** Augen
Gen.	kalt**en** Fisches	warm**er** Milch	blond**en** Haars	blau**er** Augen
Dat.	kalt**em** Fisch	warm**er** Milch	blond**em** Haar	blau**en** Augen

These are mostly like the endings of der, die, das.

Group 2 Der, die, das and adjectives following them:

	Mask.	Fem.	Neutr.	Pl.
Nom.	der rot**e** Pulli	die rot**e** Jacke	das rot**e** Hemd	die rot**en** Schuhe
Akk.	den rot**en** Pulli	die rot**e** Jacke	das rot**e** Hemd	die rot**en** Schuhe
Gen.	des rot**en** Pullis	der rot**en** Jacke	des rot**en** Hemds	der rot**en** Schuhe
Dat.	dem rot**en** Pulli	der rot**en** Jacke	dem rot**en** Hemd	den rot**en** Schuhen

All the adjectival endings above the line are -e, all the endings below the line are -en.

Group 3 Ein, mein, kein and adjectives following them:

	Mask.	Fem.	Neutr.	Pl.
Nom.	mein blau**er** Pulli	meine rot**e** Jacke	mein rot**es** Hemd	meine rot**en** Schuhe
Akk.	meinen blau**en** Pulli	meine rot**e** Jacke	mein rot**es** Hemd	meine rot**en** …
Gen.	meines blau**en** Pullis	meiner rot**en** Jacke	meines rot**en** …	meiner rot**en** …
Dat.	meinem blau**en** Pulli	meiner rot**en** Jacke	meinem rot**en** …	meinen rot**en** …

All the adjectival endings above the line are like those of de**r**, di**e**, da**s**; all the ones below the line are -en.

10 Pronouns

10A Pronouns (Pronomen) are words which stand for nouns: 'he, she, it, me, you' etc.

Nom. subject	**Akk.** object	**Dat.** indirect object	possessive
I	me	(to me)	my
ich	mich	mir	mein
you	you	to you	your
du	dich	dir	dein
he	him	to him	his
er	ihn	ihm	sein
she	her	to her	her
sie	sie	ihr	ihr
we	us	to us	our
wir	uns	uns	unser
you	you	to you	your
ihr	euch	euch	euer
they	them	to them	their
sie	sie	ihnen	ihr
you	you	to you	your (*Polite form*)
Sie	Sie	Ihnen	Ihr

10B The possessive form is really an adjective and agrees with the noun:

mein Bruder deine Schwester ihr Auto seine Eltern Hast du meinen Pulli? usw.

▶ Complete the sentences:

Hallo Peter! Wie geht es …?
Guten Tag, Herr Braun. Wie geht es … ?
Hier sind … Vater und … Mutter.
… wohne in (England). Wo wohnst … ?
… Freund Peter wohnt in Köln, und … Schwester wohnt in Hamburg.

11 Place and prepositions

11A Wo? Where? Useful phrases:

Der and das words (masc. und neut.)	die words (fem.)
am Rathaus; am Marktplatz; am Bahnhof	an der Haltestelle
auf dem Campingplatz	auf der Post; auf der Bank
bei McDonalds; bei meinem Freund	bei meiner Freundin
gegenüber dem Kino	gegenüber der Post
hinter dem Haus	hinter der Kirche
im Büro; im Café	in der Straße; in einer Fabrik
vor dem Kino; vor dem Hallenbad	vor der Tür; vor der Schule
zum Bahnhof; zum Supermarkt; zum Kino	zur Schule; zur Post

▶ Wo treffen wir uns?

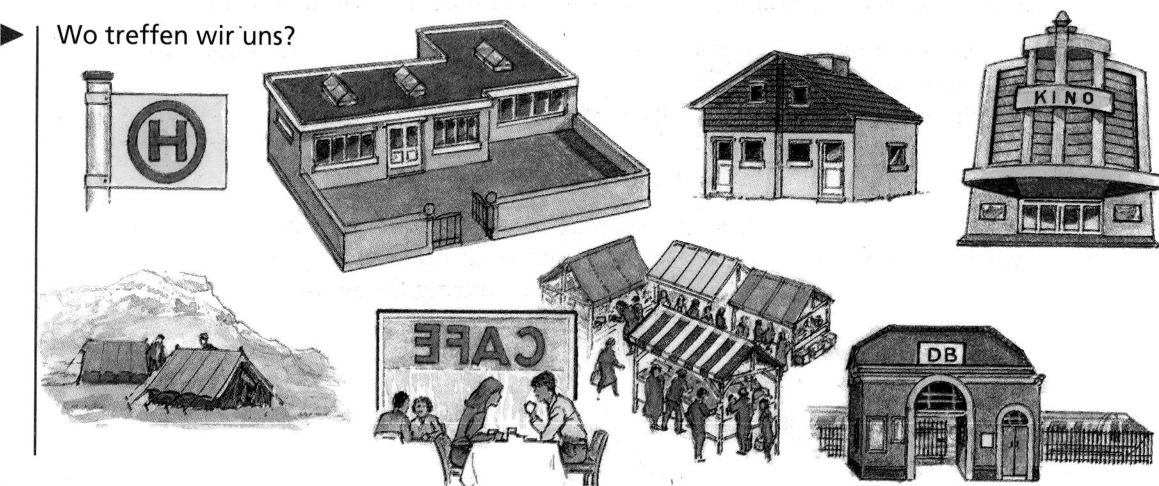

11B Prepositions

i. with the dative	ii. with the accusative	iii. acc. and dat.
aus – from/out of	bis – until	an – at/on, to, onto
außer – except	durch – through	auf – on, onto
bei – at (someone's)	entlang – along	hinter – behind
gegenüber – opposite	für – for	in – in, into
mit – with	gegen – against	neben – near
nach – after/to	ohne – without	über – over
seit – since	um – around	unter – under
von – from		vor – in front of
zu – to		zwischen – between

i. Some prepositions always take the dative:

Mask.	**Fem.**	**Neutr.**	**Pl.**
mit de**m** Bus	mit de**r** Bahn	mit de**m** Auto	mit de**n** Sommersprossen

ii. Some prepositions always take the accusative. These only affect masculine words:

Mask.	**Fem.**	**Neutr.**	**Pl.**
für seine**n** Bruder	für deine Schwester	für das Kind	für meine Eltern

iii. Some prepositions can take both the accusative and the dative.

Accusative for action or change of place. Use the accusative after gehen, fahren, laufen etc. Ich gehe in die Stadt. Wir fahren auf das Land. Der Hund läuft in den Wald.

Dative for place. Use the dative if the verb does not denote change of place. Die Bank ist in der Stadt. Ich wohne auf dem Land. Er wartet vor dem Kino.

11C Contractions (Abkürzungen)

Sometimes the preposition and the article combine to form one word:

zu + dem = zum	zu + der = zur	in + dem = im	in + das = ins
an + dem = am	an + das = ans	bei + dem = beim	
Ich bin im Büro.	Ich gehe ins Büro.		

11D There are some prepositions which take the genitive:

trotz – in spite of:	trotz des Wetters – in spite of the weather
während – during:	während des Tages – during the day
	während der Nacht – during the night

12 Word order

12A Questions

When you ask a question in German, the verb comes first, followed by the subject:

Kommst du mit?

If there is a question word, that comes first. The subject still comes after the verb:

Was machst du?

Wann? When?
Warum? Why?
Wer? Who?
Was? What?
Welcher/Welche/Welches ...? Which ...?
Wie viele? How many?
Wie ...? How ...?
Wieviel? How much?
Wo? Where?
Wohin? Where to?

▶ | Choose six of the question words and make up a question for each.

12B Wann, wie, wohin?

Wann? + verb + subject + wie? + wo/wohin? (+ was?) (+ verb 2)

Wann? Expressions of time
heute; gestern; morgen
in/im: im Sommer; im Juli; in den Ferien ...
an/am: am Abend; am Vormittag; am Wochenende; am Samstag ...
nächste: nächstes Jahr; nächste Woche; nächsten Sonntag ...
letzte: letztes Jahr; letzte Woche; letzten Montag ...
oft   ab und zu   manchmal   meistens ...

Verb 1	
Präsens	**Perfekt**
spiele/gehe/fahre/mache/lese	bin/habe

Subject
ich

Wie? How? With whom? etc.
mit: mit dem Zug; mit meinem Freund; mit meiner Freundin;
schnell; langsam; freundlich; traurig ...

Wo? Where?
in: in der Stadt; im Hallenbad ...
auf: auf dem Land; auf dem Markt; auf dem Campingplatz ...
Wohin? Where to?
in: in die Stadt; ins Hallenbad; ins Kino ...
auf: auf einen Campingplatz; auf das Land; auf den Markt; auf den Berg ...

Was? What?
Tennis; Zeitschriften; meine Hausaufgaben ...

Verb 2
schwimmen I gespielt; gegangen; gefahren; gemacht; gelesen ... usw.

▶ I Make up three sentences of your own by using the words and phrases in the right order.

12C Longer sentences

In simple sentences, the verb comes in second place, with the past participle or infinitive at the end (see 3C). But after certain words, such as weil and wenn, the verb goes right to the end, after the past participle or infinitive if there is one:

Sie geht in die Stadt, wenn die Schule aus ist.
Er will später Tierarzt werden, weil er mit Tieren arbeiten will.

13 Strong and irregular verbs

Verbs with the same stem follow the same pattern:

fangen,	fängt,	fing,	hat gefangen
anfangen,	fängt an,	fing an,	hat angefangen

Infinitive		**Present er/sie/es**	**Imperfect ich/er/sie/es**	**Perfect er/sie/es**
beginnen	to begin	beginnt	begann	hat begonnen
biegen	to turn	biegt	bog	ist gebogen
bleiben	to stay	bleibt	blieb	ist geblieben
braten	to roast/fry	brät	briet	hat gebraten
brechen	to break	bricht	brach	hat gebrochen
brennen	to burn	brennt	brannte	hat gebrannt
bringen	to bring/take	bringt	brachte	hat gebracht
denken	to think	denkt	dachte	hat gedacht
dürfen	to be allowed to	darf	durfte	hat gedurft
empfehlen	to recommend	empfiehlt	empfahl	hat empfohlen
essen	to eat	ißt	aß	hat gegessen
fahren	to go/travel	fährt	fuhr	ist gefahren
fallen	to fall	fällt	fiel	ist gefallen
fangen	to catch	fängt	fing	hat gefangen
finden	to find	findet	fand	hat gefunden
fliegen	to fly	fliegt	flog	ist geflogen
fliehen	to escape	flieht	floh	ist geflohen
frieren	to freeze	friert	fror	ist gefroren
geben	to give	gibt	gab	hat gegeben
gefallen	to like*	gefällt	gefiel	hat gefallen
gehen	to go/walk	geht	ging	ist gegangen
gelingen	to succeed*	gelingt	gelang	ist gelungen
gewinnen	to win	gewinnt	gewann	hat gewonnen
gießen	to pour	gießt	goß	hat gegossen
graben	to dig	gräbt	grub	hat gegraben
haben	to have	hat	hatte	hat gehabt
halten	to hold	hält	hielt	hat gehalten
hängen	to hang	hängt	hing	hat gehangen
heißen	to be called	heißt	hieß	hat geheißen
helfen	to help	hilft	half	hat geholfen

*es gefällt mir – I like it; es gelingt mir – I succeed

Infinitive		**Present er/sie/es**	**Imperfect ich/er/sie/es**	**Perfect er/sie/es**
kennen	to know (someone)	kennt	kannte	hat gekannt
klingen	to sound	klingt	klang	hat geklungen
kommen	to come	kommt	kam	ist gekommen
können	to be able to	kann	konnte	hat gekonnt
laden	to load	lädt	lud	hat geladen
lassen	to let	läßt	ließ	hat gelassen
laufen	to walk/run	läuft	lief	ist gelaufen
leiden	to suffer, tolerate	leidet	litt	hat gelitten
leihen	to lend	leiht	lieh	hat geliehen
lesen	to walk	liest	las	hat gelesen
liegen	to lie	liegt	lag	hat gelegen
mögen	to like	mag	mochte	hat gemocht
müssen	to have to	muß	mußte	hat gemußt
nehmen	to take	nimmt	nahm	hat genommen
reiben	to rub	reibt	rieb	hat gerieben
reiten	to ride (horse)	reitet	ritt	ist geritten
rufen	to call	ruft	rief	hat gerufen
schlafen	to sleep	schläft	schlief	hat geschlafen
schließen	to close	schließt	schloß	hat geschlossen
schneiden	to cut	schneidet	schnitt	hat geschnitten
schreiben	to write	schreibt	schrieb	hat geschrieben
schwimmen	to swim	schwimmt	schwamm	ist geschwommen
schwinden	to fade	schwindet	schwand	ist geschwunden
sehen	to see	sieht	sah	hat gesehen
sein	to be	ist	war	ist gewesen
singen	to sing	singt	sang	hat gesungen
sitzen	to sit	sitzt	saß	hat gesessen
sollen	to be supposed to	soll	sollte	hat gesollt
sprechen	to speak	spricht	sprach	hat gesprochen
springen	to jump	springt	sprang	ist gesprungen
stehen	to stand	steht	stand	hat gestanden
sterben	to die	stirbt	starb	ist gestorben
tragen	to carry/wear	trägt	trug	hat getragen
treffen	to meet/hit	trifft	traf	hat getroffen
treiben	to play (sport)	treibt	trieb	hat getrieben
trinken	to drink	trinkt	trank	hat getrunken
tun	to do, put	tut	tat	hat getan
vergessen	to forget	vergißt	vergaß	hat vergessen
verlieren	to lose	verliert	verlor	hat verloren
vermeiden	to avoid	vermeidet	vermied	hat vermieden
wachsen	to grow	wächst	wuchs	ist gewachsen
waschen	to wash	wäscht	wusch	hat gewaschen
werden	to become	wird	wurde	ist geworden
werfen	to throw	wirft	warf	hat geworfen
wissen	to know	weiß	wußte	hat gewußt
wollen	to want to	will	wollte	hat gewollt
ziehen	to pull	zieht	zog	hat gezogen

Wortschatz ■ Deutsch–Englisch

Letters in brackets after a noun tell you how to form the plural. For example: der Abend/die Abende
* indicates a strong or irregular verb. See the list on pp. 163–4.
/ indicates a separable verb (see p. 156)

A

ab und zu – now and then
der Abend(e) – evening
das Abenteuer(-) – adventure
* ab/fahren – to depart
ab/füllen – to pour into
die Abgase (pl.) – exhaust fumes
* ab/geben – to hand over
ab/holen – to fetch
das Abitur – A-levels
ab/räumen – to clear (table)
ab/spülen – to rinse off
Achtung – warning
der Adler(-) – eagle
der Adventskranz(¨e) – Advent wreath
die Akte(n) – file
aktiv – active
das All – space
alle – all; run out
allein – alone
allgemein – general
als – as, when; than
also – therefore
alt – old
das Altpapier – used paper
die Ampel(n) – traffic lights
* an/bieten – to offer
andere – other (people), different
anderthalb – one and a half
an/feuchten – to wet
angerauscht kommen – to come sweeping in
* Angst haben – to be afraid
* an/haben – to have on
der Anhänger(-) – pendant
die Ankleidekabine(n) – changing cubicle
* an/kommen – to arrive
die Ankunft(¨e) – arrival
an/lächeln – to smile at
* an/lassen – to leave on
das Anlernen – training
an/probieren – to try on
an/machen – to switch on
die Anreise – arrival
* an/rufen – to telephone, call
*(sich) an/sehen – to watch
* an/sprechen – to speak to
* an/springen – to start (engine)
anstrengend – demanding, strenuous
* an/ziehen – to put on
*sich an/ziehen – to get dressed
der Anzug(¨e) – suit
an/zünden – to light
der Apfelsaft – apple juice
der Apotheker(-) – pharmacist
am Apparat – on the phone, speaking
die Aprikose(n) – apricot
die Arbeit – work
arbeiten – to work
das Arbeitsamt(¨er) – employment exchange
das Arbeitsklima(s) – working atmosphere
arbeitslos – unemployed
der Architekt(en) – architect
das Armband(¨er) – bracelet
der Arzt(¨e) – doctor
atemberaubend – breathtaking
atmen – to breathe
auch – also
auf – on
auf (deutsch) – in (German)
* auf/geben – to post
* auf/fallen – to attract attention
auf/machen – to open
auf/räumen – to tidy up
auf/rücken – to move up
aufrüttelnd – disturbing
der Aufschnitt – sliced cold meats
* auf/stehen – to get up
* auf/waschen – to wash up
das Auge(n) – eye
die Augenbraue (n) – eyebrow
aus – made of, out of
aus/bilden – to train
die Ausbildung – education, training
aus/drücken – to squeeze
der Ausflug(e) – excursion
die Ausflugsmöglichkeiten (pl.) – nearby places to visit
aus/füllen – to fill in
der Ausgang(¨e) – exit
der Ausgangspunkt(e) – starting point
* aus/geben – to spend
* aus/graben – to dig up
* aus/kommen – to get on
aus/lachen – to laugh at
aus/packen – to unpack
aus/räumen – to empty
aus/richten – to tell, pass a message
* aus/sehen – to look
gut aus/sehen – to be good-looking
* aus/sein – to be over
die Aussicht(en) – view
* aus/sprechen – to pronounce
* aus/tragen – to deliver
der Ausverkauf(¨e) – sale
der Ausweis(e) – identity card, identification
der/die Auszubildende(n), Azubi(s) – apprentice
die Autofähre(n) – car ferry
die Automarke(n) – make of car
der Autoschlosser(-) – motor mechanic
der Autounfall(¨e) – car accident

B

der Bäcker(-) – baker
das Bad(¨er) – bath
der Badeschaum – bath foam
der Bahnhof(¨e) – railway station
der Bahnsteig (e) – platform
der Bahnübergang(¨e) – level crossing
die Ballsportart(en) – ball game
die Bandnudeln (pl.) – noodles, tagliatelle
der/die Bankangestellte(n) – bank employee
der Bart(¨e) – beard
basteln – to make things, do handicrafts/DIY
der Bau – building
der Bauch (¨e) – belly
bauen – to build
der Bauernhof(¨e) – farm
der Baum(¨e) – tree
die Baustelle(n) – building site

beängstigend – unsettling
bearbeiten – to work on
der Becher(-) – glass, pot
nach Bedarf – as required
bedeckt – overcast
befreien – to free
die Begebenheit(en) – event
der Beginn – start, beginning
bei – in, at
das Bein(e) – leg
zum Beispiel – for example
das Bekleidungsgeschäft(e) – clothes shop
* bekommen – to get, receive
belegt – filled (roll); busy, engaged
die Beleuchtung – lighting
benutzen – to use
das Benzin – petrol
bequem – comfortable
der Bereich(e) – area
der Berg(e) – mountain
der Beruf(e) – job, occupation
die Berufsschule(n) – technical college, vocational school
berühmt – famous
* beschreiben – describe
besetzt – busy, engaged
besichtigen – to have a look round, visit
besonders – especially, particularly
besser – better
bessessen – obsessed
bestellen – to order
am besten – (you'd) better, best of all
besuchen – to visit, attend
Betreten verboten – Keep out
der Betrieb(e) – goings-on
die betriebliche Ausbildung – apprenticeship
das Bett(en) – bed
das Bettzeug – bedclothes
bevorzugen – to prefer
die Bewerbung(en) – application
bezahlen – to pay
* beziehen – to make a bed
* bieten – to offer
das Bild(er) – picture
billig – cheap
der Bindestrich(e) – hyphen
die Biotonne – bin for compostable rubbish
bis (zum) – until
ein bißchen – a bit
bitte – please
bitte schön – here you are; you're welcome
* bleiben – to stay, remain
bleifrei – unleaded
der Bleistift(e) – pencil
die Blume(n) – flower
die Bluse(n) – blouse
die Bockwurst – thick Frankfurter
die Bohne(n) – bean
das Bonbon(s) – sweet
die Bootsfahrt(en) – boat trip
an Bord – on board
böse – angry
* braten – to roast, fry
brauchen – to need
* brechen – to break; to be sick
die Bremse(n) – brake
das Brettspiel(e) – board game
der Brief(e) – letter
die Briefmarke(n) – postage stamp
der Briefträger(-) – postman
die Brille(n) – (pair of) glasses
* bringen – to take, bring
die Broschüre(n) – brochure
das Brot(e) – bread, loaf
das Brötchen(-) – bread roll
die Brücke(n) – bridge
das Bücherregal(e) – bookshelves
die Buchhaltung – bookkeeping
die Buchhandlung(en) – bookshop
die Buchmesse(n) – book fair
der Bulle(n)(slang) – cop
die Bundesrepublik – Federal Republic
bunt – colourful
die Burg(en) – castle
das Büro(s) – office
die Bushaltestelle(n) – bus stop

C

der Campingplatz(¨e) – campsite
die Chips (pl.) – potato crisps
der Chor(¨e) – choir
das Christkind – Christ-child
die Clique(n) – group of friends
das Computerspiel(e) – computer game
die Creme(s) – cream

D

da – there
das Dach – roof
der Dachboden(¨) – attic storey
dagegen – for it
danach – after that, then
danke – thank you
dann – then
daß – that
die Dauer – duration
dauern – to last
der Daumen (-) – thumb
den Daumen drücken – to keep fingers crossed
decken – to lay (table)
der Diafilm(e) – slide film
dicht – dense
dick – fat, thick
der Diebstahl – theft
Dienstag – Tuesday
diese – this
der Dom(¨e) – cathedral
Donnerstag – Thursday
doppel- – double
das Doppelhaus(¨er) – pair of semi-detached houses
das Dorf(¨er) – village
dort – there
dort drüben – over there
dran – on it
draußen – outside
drehen – to film
drin – in it
die Drogerie(n) – chemist's
das Dschungelbuch – Jungle Book
dunkel – dark
dunkelblau – dark blue
dunkelblond – light brown
durch – through
der Durchfall – diarrhoea
durch/mixen – to mix well
die Durchwahl(en) – direct telephone number
* dürfen – to be allowed to, may
die Dusche(n) – shower
das Duschgel(e) – shower gel

E

echt? – really?
die Ehrentribüne(n) – VIP stand
das Ei(er) – egg
eigen – own
* ein/biegen – to turn
einfach – easy; single
das Einfamilienhaus(¨er) – house (not a flat)
der Eingang(¨e) – entrance
die Einheit – unity

einige – some
ein/kaufen – to shop
der Einkaufsbummel(-) – shopping trip
* ein/laden – to invite
ein/lösen – to cash
einmal – once
ein/marschieren – to invade
ein/massieren – to rub in
ein/packen – to pack
ein/räumen – to put things into
* ein/reiben – to rub in
eintönig – monotonous, boring
der Eintritt – entrance
die Einwegflasche(n) – non-returnable bottle
einzel – individual
einzig – only
die Eisdiele(n) – ice cream parlour
* eis/laufen – to skate
das Eisstadion (-stadien) – skating rink
der Eiswürfel(-) – ice cube
das Elektrogerät(e) – electrical appliance
der Ellbogen (-) – elbow
die Eltern (pl.) – parents
der Empfang – reception
* empfehlen – to recommend
Entschuldigen Sie – Excuse me
entsetzlich – awful, terrible
* entstehen – to be built, to be produced
* entwerfen – to design
der Entwerter(-) – ticket-cancelling machine
die Erbse(n) – pea
das Erdbeben(-) – earthquake
die Erdbeere(n) – strawberry
das Erdgeschoß (-sse) – ground floor
Erdkunde – geography
die Erdnußbutter – peanut butter
der Erholungsort(e) – resort
die Erklärung(en) – statement, explanation
* erklingen – to ring out
erlernt – trained, qualified
erneuern – to renovate
ernst – serious
eröffnen – to open
erst – first
das erste Mal – first time
* ertrinken – to drown
die Erzieherin(nen) – nursery school teacher (f)
die Eßecke(n) – dining area
* essen – to eat
etwa – about
etwas – something

F

die Fabrik(en) – factory
das Fach("er) – subject
die Fach(hoch)schule – specialised (H.E.) college
die Fähre(n) – ferry
* fahren – go (with transport), drive
der Fahrkartenautomat(en) – ticket machine
der Fahrradverleih – cycle hire
die Fahrschule(n) – driving school
der Fahrstuhl(¨e) – lift
die Fahrstunde(n) – driving lesson
die Fahrt(en) – drive
der Falke(n) – falcon
die Fänge (pl.) – clutches
die Farbe(n) – colour
der Fasching – Shrovetide carnival
fast – almost
faul – lazy
faulenzen – to laze around
der FCKW – CFC
fehlen – to be missing; to be wrong with
feiern – to celebrate
der Feiertag(e) – public holiday
die Feinkost – delicatessen
das Feld(er) – field
das Fenster(-) – window
die Ferien (pl.) – holidays
der Ferienpark(s) – holiday park
die Ferienwohnung(en) – holiday flat
das Ferkel(-) – pig, piglet
* fern/sehen – to watch TV
der Fernsehturm(¨e) – television tower
fertig – ready, finished
das Festessen(-) – celebratory meal
die Festung(en) – fortress
fett – bold type
fettig – greasy
das Feuer – fire
das Feuerwerk(e) – fireworks
das Fieber(-) – fever, temperature
der Finsterling(e) – sinister character
die Firma (Firmen) – firm
die Flasche(n) – bottle
das Fleisch – meat
die Fleischwurst – pork sausage
fleißig – hard-working
* fliegen – to fly
* fliehen – escape
der Flohmarkt(¨e) – flea market
der Fluchtweg(e) – escape route
der Flughafen(¨) – airport
die Flugvorführung(en) – flying demonstration
der Flur(e) – hall
der Fluß (¨sse) – river
folgend – following
der Fön(e) – hairdrier
die Forelle(n) – trout
fragen – to ask
das Fragezeichen(-) – question mark
frei – vacant, free
* frei haben – to be free, have free time
das Freibad(¨er) – open air swimming pool
im Freien – in the open air
die Freizeit – free time, leisure
die Freizeitbeschäftigung(en) – pastime
die Freizeitmöglichkeiten (pl.) – leisure facilities
der Freund(e) – (boy)friend
die Freundin(nen) – (girl)friend
freundlich – friendly, kind
Mit freundlichen Grüßen – Yours sincerely
frisch – fresh
der Friseur(e) – hairdresser
die Frucht(¨e) – fruit
früh – early
der Frühling(e) – spring
das Frühstück(e) – breakfast
sich fühlen – to feel
die Führung(en) – guided tour
der Füller(-) – fountain pen
für – for
furchtbar – terrible, awful
der Fuß (¨e) – foot

die Fußballmannschaft(en) – football team
die Fußgängerzone(n) – pedestrian precinct
füttern – to feed

G

die Gabel(n) – fork
die Gänsehaut – goose pimples
ganz – quite; whole
gar nicht – not at all
gar nichts – nothing at all
die Gärtnerei(en) – nursery, garden centre
der Gast(¨e) – visitor, guest
das Gasthaus(¨er) – inn
gebacken – baked
* geben – to give
es gibt – there is/are
geboren – born
gebraten – fried, grilled, roast
der Geburtsdatum (-daten) – date of birth
der Geburtsort(e) – place of birth
sehr geehrte(r) Herr/Frau ...- dear Mr/Mrs ...
gefährlich – dangerous
(es) gefällt mir – I like (it)
gegenüber – opposite
* gehen – to go (on foot)
es geht – it¨s all right
(mir) geht es gut – (I'm) well
gehören – belong to
geil (slang) – great
gekocht – boiled
gelb – yellow
das Geld – money
der Geldwechsel – exchange
gemein – mean, nasty
gemeinsam – together
gemischt – mixed
das Gemüse – vegetable(s)
genau – exactly
generell – general
genug – enough
geöffnet – open
die Gepäckaufbewahrung – left luggage
gepunktet – spotted
geradeaus – straight on
das Gericht(e) – dish
gern (machen) – to like (doing)
das Geschäft(e) – business, shop
der Geschäftsmann (-leute) – businessman
das Geschäftsviertel(-) – shopping district
das Geschenk(e) – present
die Geschichte(n) – story
der Geschmack – flavour
geschmückt werden – to be decorated
geschwätzig – talkative
gestern – yesterday
gestreift – stripey
gesucht – wanted
getönt – tinted
das Getränk(e) – drink
getrennt – separate(ly)
das Gewicht(e) – weight
* gewinnen – to win
der Gewinner(-) – winner
das Gewitter(-) – thunderstorm
gewünscht – desired
* gießen – to pour
gipfeln – to culminate
glatt – straight (hair), smooth
die Glatze(n) – bald head
gleich – at once; same
das Gleis(e) – track, platform
mit dem Gleitschirm springen – to paraglide
der Gletscher(-) – glacier
die Glocke(n) – bell
das Glockenspiel(e) – chimes
glühend – burning
das Graubrot(e) – loaf made with rye and wheat flour
grinsen – to grin
(die) Grippe – flu
groß – tall, big
die Größe(n) – size, height
der Großmarkt(¨e) – hypermarket
die Großstadt(¨e) – city, large town
grün – green
die Grundschule(n) – primary school
die Gruppe(n) – group, band
Guadelupe – Guadeloupe
gucken (slang) – to watch
das Gummiband(¨er) – rubber band
die Gurke(n) – cucumber
der Gürtel(-) – belt
gut – good

H

die Haarbürste(n) – hairbrush
* haben – to have
das Hackfleisch – minced meat
der Hafen(-) – harbour, port
haften – to stick
das Hähnchen(-) – chicken
das Häkchen – tick
die Halbpension – dinner, bed and breakfast
halbtags – part-time
das Hallenbad(¨er) – indoor pool
der Hals (¨e) – neck, throat
Hals und Beinbruch – Good luck!
die Halsschmerzen (pl.) – sore throat
das Halstuch(¨er) – neckerchief
Händchen halten – to hold hands
der Handel – trade
der Handschuh(e) – glove
das Handtuch(¨er) – towel
das Handy(s) – mobile phone
der Hauptbahnhof(¨e) – main railway station
der Hauptdarsteller(-) – lead actor
das Hauptgericht(e) – main course
der Hauptschulabschluß – final exam from Hauptschule
die Hausdame(n) – housekeeper (f)
zu Hause – at home
die Hausfrau(en) – housewife
hausgemacht – home-made
die Haushaltswaren (pl.) – household goods
der Hausmann(¨er) – househusband
die Hausordnung – house rules/regulations
die Haut – skin
der Hefter(-) – stapler
der Heiligabend – Christmas Eve
die Heimreise – the journey home
der Heimweg – the way home
heiß – hot
* heißen – to be called
heiter – fine, bright
die Heizung – heating
* helfen – to help
hell – light-coloured
hellblau – light blue
das Hemd(en) – shirt

der Herbergsvater(¨) – youth hostel warden
der Herbst(e) – autumn
der Hering(e) – herring
Herren – gentlemen
herrlich – wonderful
her/stellen – to manufacture
die Herstellung(en) – production
herum/toben – to romp around
* hervor/rufen – to provoke
der Heuschnupfen – hay fever
heute – today
heutzutage – nowadays
hier – here
hilfsbereit – helpful
die Himbeere(n) – raspberry
hin und zurück – return
hinten – at the back
* hoch/gehen – to go up
* hoch/fahren – to go up
das Hochhaus – tower block
höchst – highest
das Hochwasser – flood
die Hochzeit(en) – wedding
holen – to fetch
das Holz – wood
hören – to listen to, hear
die Hose(n) – pair of trousers
der Hotelfachmann(¨er) – hotel manager
das Huhn(¨er) – chicken
das Hühnerfleisch – chicken
husten – to cough

I

Igitt! – Yuk!
der Imbiß (-sse) – snack
immer – always
der Inhalationsapparat(e) – in haler
inkl.(inklusive) – including
die Innenstadt(¨e) – town centre
das Insektenschutzmittel – insect repellent
insgesamt – all together, in total
das Interesse(n) – interest
sich interessieren für – to be interested in
irgendwo – somewhere

J

das Jahr(e) – year
die Jahreszeit(en) – season
das Jahrhundert(e) – century
jährlich – annually
jeder – every, each
jenseits – beyond
jetzt – now
jobben (slang) – to work, do a job
die Johannisbeere(n) – (black/red)currant
der Judenstern(e) – star of David
jüdisch – Jewish
die Jugendherberge(n) – youth hostel
jung – young
die Juniorenmeisterin(nen) – junior champion (f)

K

* Kajak fahren – to kayak
der Kakao – cocoa
das Kalbfleisch – veal
kalt – cold
der Kamillentee – camomile tea
der Kamm(¨e) – comb
der Kanal(¨e) – channel
der Kanarienvogel(¨) – canary
das Kännchen(-) – (small) pot
kaputt – broken
kariert – check
der Karneval – carnival
der Kartoffelknödel(-) – potato dumpling
die Kartoffelnase – bulbous nose
der Käsekuchen(-) – cheesecake
die Kasse(n) – till
der Kassenerfolg(e) – box office success
kaufen – to buy
die Kauffrau(en) – businesswoman
das Kaufhaus(¨er) – department store
der Kaufmann (-leute) – businessman
der Keller(-) – cellar
der Kellner(-) – waiter
kennen/lernen – to meet, to get to know
das Kennzeichen(-) – registration number
die Kerze(n) – candle
die Kette(n) – necklace, chain
das Kind(er) – child
die Kinderpflegerin(nen) – nursery nurse (f)
die Kirche(n) – church
die Kirsche – cherry
die Klamotten (pl., slang) – clothes
klappen – to work out all right
klar – of course
die Klassenfahrt(en) – class trip
das Klavier(e) – piano
das Kleid(er) – dress
das Kleidungsstück(e) – garment
klein – small
das Kleingeld – small change
klettern – to climb
der Knallbonbon(s) – cracker
die Kneipe(n) – pub
der Knoblauch – garlic
der Knüller(-) – hit
der Koch(¨e) – cook
die Köchin(nen) – cook (f)
der Kollege(n) – colleague
Köln – Cologne
* kommen – to come, be on TV
die Komödie(n) – comedy
die Konditoreigesellin(nen) – assistant pastry cook (f)
* können – to be able to, can
kontaktfreudig – sociable
der Kopf(¨e) – head
der Korb(¨e) – basket
der Körper (-) – body
die Kräfte (pl.) – powers
kräftig – strong
krank – ill
der Krankenpfleger(-) – nurse
die Krankheit(en) – illness
das Kraut(¨er) – herb
die Kreuzung(en) – crossroads
der Krieg(e) – war
kriegen – to get
der Krimi(s) – crime thriller
der Kuchen(-) – cake
das Küchengerät(e) – kitchen gadget
die Küchenhilfe(n) – kitchen help
die Kugel(n) – ball
die Kuh(¨e) – cow
der Kühlschrank(¨e) – fridge
sich kümmern um – to take care of
Kunst – art
künstlerisch – artistic
das Kupfer – copper
der Kurs – exchange rate
kursiv – italic
kurz – short
der Kuß(¨sse) – kiss

die Küste(n) – coast

L

lachen – to laugh
der Lachs – salmon
der Laden(¨) – shop
das Lamm(¨er) – lamb
das Land(¨er) – country(side)
die Landschaft(en) – landscape
der Landwirt(e) – farmer
lang – long
lange – for a long time
wie lange? – how long?
der Langlaufski – cross-country skiing
langsam – slow
langweilig – boring
der Lärm – noise
* lassen – to leave
lässig – casual
der Lastwagen(-)
die Latzhose(n) – pair of dungarees
* laufen – to run, walk, go; to be on (film)
die Laune(n) – mood
laut – loud, noisy
läuten – to ring
das Leben(-) – life
*ums Leben kommen – to lose one's life
das Lebensjahr(e) – year of one's life
das Lebensmotto(s) – motto
die Leberwurst – liver sausage
lecker – delicious
das Leder – leather
leer – empty
der Lehrer(-) – teacher
leicht – light
* leiden – to suffer, bear
die Leidenschaft(en) – passion
leider – unfortunately
* leihen – to lend
lernen – to learn
* lesen – to read
letzte – last
die Leute (pl.) – people
das Licht – light
lieb – nice, sweet
liebe(r) – dear
lieber haben – to prefer
die Liebesgeschichte(n) – love story
Lieblings- – favourite
am liebsten (sehen) – to like (watching) most/best
* liegen – to lie
* liegen/lassen – to leave (behind)
die Linie(n) – line, number
der Linienbus(se) – regular bus
der Linienrichter(-) – linesman
links – on the left
der Lippenstift(e) – lipstick
der Lkw-Parkplatz(¨e) – lorry/bus park
lockig – curly
der Löffel(-) – spoon
die Loge – box
los – away
es ist viel los – there's a lot going on, a lot to do
die Lösung(en) – solution
die Luft – air
der Lungenkrebs – lung cancer
* Lust auf etwas haben – to feel like something
lustig – funny, good fun
sich lustig machen über – to laugh at

M

machen – to make, do
das Mädchen(-) – girl
mähen – to mow
die Mahlzeit(en) – meal
Mailand – Milan
malen – to paint
man – one, you, they
manchmal – sometimes
der Mann(¨er) – man, husband
der Mantel (¨) – coat
der Markt(¨e) – market
die Masern (pl.) – measles
der Maurer(-) – bricklayer
das Mehl – flour
mehr – more
mehrere – several
das Mehrfamilienhaus(¨er) – house divided into flats
meinen – to think
die meisten – most (of)
meistens – mostly
das Meisterwerk(e) – masterpiece
sich melden – to apply
eine Menge Geld – a lot of money
Mensch! – Goodness!
der Mensch(en) – person
das Merkmal – characteristic, feature
die Messe(n) – trade fair
das Messegelände(-) – exhibition centre
das Messer(-) – knife
die Metzgerei(en) – butcher's
das Milchprodukt(e) – milk product
das Mineralwasser – mineral water
die Mischung(en) – mixture
mit – with
* mit/bringen – to bring with one
das Mitgefühl – sympathy
das Mitglied(er) – member
das Mittagessen(-) – midday meal
die Mitte – middle
das Mittel(-) – remedy
mittelgroß – medium-height
der Mittelpunkt(e) – centre
Mitternacht – midnight
die mittlere Reife – 16+ exam
das Möbelgeschäft(e) – furniture shop
möchte – would like (to)
die Mode(n) – fashion
der Modedesigner – fashion designer
modisch – fashionable
das Mofa(s) – moped
mögen – to like
möglich – possible
die Möhre(n) – carrot
momentan – at the moment
der Monat(e) – month
monatlich – monthly
der Mord(e) – murder
morgen – tomorrow
der Morgen(-) – morning
der Mund(¨er) – mouth
das Münster(-) – minster
die Münze(n) – coin
der Müsliriegel(-) – muesli bar
* müssen – to have to

N

nach – after, to
nach Hause gehen – to go home
die Nachrichten (pl.) – news
nach/schauen – to look up
nächste – next
die Nacht(¨e) – night
der Nachteil(e) – disadvantage
der Nachtisch – pudding, sweet
die Nagelfeile(n) – nail file
der Nagellack – nail varnish
in der Nähe – near
nähen – to sew
das Naturheilmittel(-) – natural remedy

natürlich – naturally, of course
der Nebel – fog
neben – near, beside
* nehmen – to take
nerven – to annoy
nervös – nervous
nett – nice
neu – new
neulich – recent
Neuseeland – New Zealand
der Nichtraucher(-) – non-smoker
nichts – nothing
nie – never
der Nikolaus – St Nicholas' Day (6 December)
noch – still
noch mal – again
noch nicht – not yet
der Norden – north
normalerweise – normally
der Notausgang(¨e) – emergency exit
der Notruf(e) – emergency call
nützlich – useful

O

das Oberteil(e) – top (part of an outfit)
das Obst – fruit
oder – or
die Öffnungszeiten (pl.)– opening hours
ohne – without
das Ohr(en) – ear
der Onkel(-) – uncle
ordentlich – tidy
in Ordnung – all right
der Ort(e) – place
der Ortsteil(e) – district (of a town)
der Osten – east
der Osterhase – Easter bunny
Ostern – Easter
Österreich – Austria

P

ein paar – a few
der Paketschein(e) – parcel form
die Panne(n) – breakdown
paragleiten – to paraglide
das Parkett – stalls
das Parkhaus(¨er) – multi-storey car park
der Parkplatz(¨e) – car park
der Passagier(e) – passenger
passen – to suit
die Pause(n) – break
per sofort – as of now
das Personal – staff
der Personalchef(-) – personnel director
das Pferd(e) – horse
Pfingsten – Whitsun
der Pfirsich(e) – peach
die Pflanze(n) – plant
das Pflegeheim(e) – nursing home
die Pflege – care
Pflicht- – compulsory
der Pickel(-) – pimple, spot
die Piste(n) – ski-run
der Plastikabfall – plastic refuse
der Platz(¨e) – place, pitch
das Plätzchen(-) – biscuit
die Platzkarte(n) – reserved-seat ticket
die Platzwahl – choice of seats
sich plazieren – to be placed
der Po(s) – bottom
Polen – Poland
der Polizist(en) – policeman
die Pommes (pl.) – chips
das Portemonnaie(s) – purse
das Porzellan – porcelain
das Postamt(-ämter) – post office
der Postbeamte(n) – post office worker (m)
die Postleitzahl(en) (PLZ) – postcode
prachtvoll – magnificent
praktisch – practical
präpariert – prepared
die Praxis (Praxen) – practice
der Preis(e) – price
preisgünstig – low-priced
preiswert – for a reasonable price
prima – great, fantastic
der Prinz(en) – prince
das Privathaus(¨er) – private house
pro – per
probieren – to try
der Produktionsleiter(-) – production manager
der Profi(s) – pro(fessional)
Prosit Neujahr – Happy New Year!
die Prüfung(en) – examination
der Punkt(e) – full stop
die Puppe(n) – doll
das Putenschnitzel(-) – turkey steak
putzen – to clean, polish
das Puzzlespiel(e) – jigsaw puzzle

Q

der Quark – sour curd cheese
quer durch – across

R

das Rad(¨er) – bicycle
* rad/fahren – to cycle
der Radiergummi(s) – eraser, rubber
der Rahmspinat – creamed spinach
der Rasen(-) – lawn
rasen – to tear along
der Rasierapparat(e) – razor
das Rathaus(¨er) – town hall
rauchen – to smoke
der Rauhhaardackel(-) – wire-haired dachshund
räumen – to put away
* raus/gehen – to go out
der Realschulabschluß – 16+ exam
die Rechnung(en) – bill
Rechnungswesen – accountancy
rechts – on the right
die Regel(n) – period
der Regen – rain
der Regisseur(e) – director
regnen – to rain
der Reifen(-) – tyre
das Reihenhaus(¨er) – terraced house
* rein/kommen – to come in
der Reis – rice
die Reise(n) – travel, journey
* reiten – to ride (a horse)
* reparieren lassen – to get repaired
retten – to rescue
der Rhein – Rhine
richtig – correct
die Richtung(en) – direction
die Riesenbockwurst – jumbo Frankfurter
Rind- – beef
die Ringstraße(n) – ring road
der Rock(¨e) – skirt
rodeln – to toboggan
die Rolltreppe(n) – escalator
der Röntgenassistent(en) – radiographer
rosarot – pink
der Rosenmontagszug(¨e) – carnival procession on the day before Shrove Tuesday

der Rosmarin – rosemary
rötlich – reddish
der Rücken (-) – back
die Rückfahrt(en) – return journey
ruhig – quiet, peaceful
* rum/hängen – to hang around
runter – down
* runter/fahren – to go down

S

der Saft – juice
sagen – to say
die Sahne – cream
die Salbe(n) – ointment
sammeln – to collect
sauber/machen – to clean
die S-Bahn – city and suburban railway
der Schal(s) – scarf
die Schale(n) – bowl
das scharfe S – Eszett
der Schaschlik – shashlik
der Schatz – treasure
der Schauspieler(-) – actor
die (Windschutz)Scheibe – windscreen
*sich scheiden lassen – to get divorced
der Schein(e) – banknote
schick – smart
schicken – to send
der Schicksalschlag(¨e) – stroke of fate
der Schiedsrichter(-) – referee
das Schiff(e) – ship
der Schiffbruch(¨e) – shipwreck
das Schild(er) – sign
der Schinken – ham
der Schlaf – sleep
* schlafen – to sleep
schlank – slim
schlecht – bad
das Schließfach(¨er) – locker
schließlich – finally
der Schlips(e) – tie
* Schlittschuh laufen – to skate
das Schloß (Schlösser) – castle
der Schlüssel(-) – key
schmecken – to taste (good)
die Schmerzen (pl.) – pain
schmerzstillende – painkilling
der Schmetterling(e) – butterfly
schminken – to make up
der Schmuck – jewellery
der Schmutz – dirt
schnarchen – to snore
der Schnee – snow
* schneiden – to cut
schnell – fast
die Schnulze(n) – tearjerker
die Schokoraspeln (pl.) – grated chocolate
der Schokoriegel(-) – chocolate bar
schon – already
schön – beautiful, lovely
schrecklich – terrible
* schreiben – to write
Schreib- – writing-
die Schublade(n) – drawer
schüchtern – shy
der Schulabschluß – school leaving certificate
der Schüleraustausch – school exchange
die Schülerzeitung(en) – school newspaper
schulfrei – (a day) off school
die Schulsachen (pl.) – school things
der Schultag(e) – school day
die Schulter(n) – shoulder
schulterlang – shoulder-length
der Schwarzwald – Black Forest
die Schwarzwaldtracht(en) – Black Forest costume
das Schwein(e) – pig
die Schweiz – Switzerland
schwer – difficult; heavy, severe
der Schwimmverein(e) – swimming club
* schwinden – to fade
der Schwung – life, bounce
der See(n) – lake
segeln – to sail
* sehen – to see, look
die Sehenswürdigkeiten (pl.) – sights
sehr – very
die Seife – soap
die Seilbahn(en) – cable car
* sein – to be
seit – since
die Seite(n) – side
der Sekt – sparkling wine
die Sekundarstufe – secondary education
selbst – oneself
selbständig – independent, self-employed
selbstbewußt – self-confident
selten – seldom
die Sendung(en) – programme
der Senf – mustard
servieren – to serve
der Sessellift(e) – chairlift
sicher – surely
die Sicherheitsnadel(n) – safety pin
sichern – to protect
das Silber – silver
der Silvester – New Year's Eve
Simbabwe – Zimbabwe
* sitzen – to sit
die Skiloipe – cross-country skiing track
die Skipiste(n) – ski-run
sofort – at once
sogenannt – so-called
der Sohn(¨e) – son
solche – such
* sollen – to be supposed to, should
das Sonderangebot(e) – special offer
der Sonnenbrand – sunburn
der Sonnenschutz – sun protection
sonst – otherwise
sonstig – other
spannend – exciting
sparen – to save
der Spargel – asparagus
der Spaß – fun
spät – late
der Spätdienst – late shift
spätestens – at the latest
die Speisekarte(n) – menu
spielen – to play
das Spielwarengeschäft(e) – toyshop
das Spielzeug – toy
der Spinat – spinach
der Spionagefilm(e) – spy film
spitze – great, terrific
der Spitzname(n) – nickname
der Sportler(-) – sportsman
die Sportmöglichkeiten (pl.) – sports facilities
die Sportsachen (pl.) – sports things
der Sporturlaub – sporting holiday
die Sprache(n) – language
die Spraydose(n) – aerosol
* sprechen – to speak
der Sprudel – sparkling mineral water

spülen – to wash up
die Spülmaschine(n) – dishwasher
das Stadion (Stadien) – stadium
die Stadt(¨e) – town
die Stadtbesichtigung(en) – (sightseeing) tour of town
der Stadtbummel(-) – stroll round town
die Stadtmitte(n) – town centre
die Stadtrundfahrt(en) – tour of the town
stammen – to date from
stark – strong; greatly
* statt/finden – to take place
der Stau(s) – traffic jam
der Steckbrief(e) – personal profile
* stehen – to stand
der Stehplatz(¨e) – standing place
der Stein(e) – stone
der Steinmetz(en) – stonemason
die Stelle(n) – job, position
stellen – to put
Stenografie – shorthand
* sterben – to die
der Stern(e) – star
der Stiefel(-) – boot
die Stiefmutter(¨) – stepmother
der Stiefvater(¨) – stepfather
der Stift – stick (deodorant)
* still/bleiben – to keep quiet
stimmen für – to vote for
die Stimmung(en) – mood
stinkend – stinking
der Stock – storey
der Stoff(e) – fabric, material
die Stofftasche(n) – cloth bag
stören – to disturb
Strammer Max – fried eggs on ham and bread
die Straße(n) – street
die Straßenbahn(en) – tram
streng – strict
stressig – stressful
die Stromschnelle(n) – rapids
studieren – to study
der Stuhl(¨e) – chair
der Stukkateur(e) – plasterer
die Stunde(n) – hour, lesson
suchen – to look for
der Süden – south
die Süßigkeit(en) – sweet
der Süßstoff – sweetener

T

die Tabelle(n) – table
der Tag(e) – day
das Tagebuch(¨er) – diary
der Tagesausflug(¨e) – day trip
das Tagesgericht(e) – dish of the day
täglich – daily
die Taille(n) – waist
das Tal(¨er) – valley
die Tankstelle(n) – petrol station
die Tante(n) – aunt
tanzen – to dance
die Tasche(n) – bag, pocket
der Teebeutel(-) – tea bag
der Teelöffel(-) – teaspoon
der Teil(e) – part
teilen – to share
die Teilzeit – part-time
das Teller(-) – plate
das Tempotaschentuch (¨er) – tissue
der Tennisschläger(-) – tennis racquet
der Teppich(e) – carpet
der Termin(e) – appointment
die Terrasse(n) – terrace
der Tesafilm – Sellotape
die Tetanusimpfung(en) – tetanus jab
teuer – expensive
die Textilmuster-gestalterin(nen) – fabric designer (f)
die Theke(n) – counter
das Tief – low pressure area
das Tier(e) – animal
das Tierheim(e) – animal home
* tierlieb sein – to like animals
tippen – to type
der Tisch(e) – table
der Tischler(-) – carpenter, joiner
die Tochter (¨) – daughter
der Todesfall(¨e) – death
der Todesstern – death star
Töpfern – pottery
das Tor(e) – goal
der Torwart(e) – goalkeeper
der Tote(n) – dead person
* tragen – to wear, carry
Tränen lachen – to cry with laughter
sich trauen – to dare
träumen – to dream
der Traumfreund(e) – dream boyfriend
*sich treffen (mit) – to meet
das Treffen(-) – meeting
die Treppe(n) – stairs
das Tretboot(e) – pedalo
die Tribüne(n) – (grand)stand
* trinken – to drink
trocken – dry
der Tropfen (-) – drop
der Tschador(s) – chador
* tun – to do, put
es tut mir leid – I'm sorry
die Tür(en) – door
der Turm(¨e) – tower

U

übel: mir ist übel – I feel sick
üben – to practise
über – above, about
überhaupt nicht – not at all
übernachten – to spend the night
überrascht – surprised
die Uhr(en) – clock, watch
um – about, round, at
die Umgebung(en) – surrounding area
um/schalten – to switch (channels)
der Umschlag(¨e) – envelope
die Umwelt – environment
der Unfall(¨e) – accident
ungefähr – about, approximately
ungesund – unhealthy
unheimlich – tremendously
die Uni(versität) – university
unordentlich – untidy
unrein – impure
das Untergeschoß (¨sse) – basement
die Unterhose(-n) – (pair of) underpants
* unternehmen – to undertake, do
unternehmungslustig – adventurous
die Unterrichtsstunde(n) – lesson
* unterschreiben – to sign
die Unterwäsche – underwear
der Urlaub – holiday
usw.(und so weiter) – etc.

V

der Vanillinzucker – vanilla sugar

verantwortlich – responsible
verboten – forbidden
verdienen – to earn
der Verein(e) – club
* vergessen – forget
verheiraten – to marry
verkaufen – to sell
der Verkäufer(-) – salesman
Verkaufs- – sales-
der Verkehr – traffic
das Verkehrsamt(¨er) – tourist information office
sich verkleiden – to dress up in costume
verknallt – in love
* verlassen – to leave
* verlieren – to lose
verquirlen – to mix, whisk
verrückt – mad
* verschreiben – to prescribe
das Versorgen – taking care of
verstecken – to hide
* verstehen – to understand
versuchen – to try
verteilen – to distribute
der/die Verwandte(n) – relative
verwaschen – faded
viel – a lot (of)
vielleicht – perhaps
vielseitig – varied
voll – full
voll im Gange – in full swing
voll/tanken – to fill the tank
der Volltreffer(-) – direct hit
von – from; by
von weitem – from far away
vor – before, in front of
* vorbei/kommen – to come round
vor/bereiten – to prepare
vorgestern – the day before yesterday
der Vorhang(¨e) – curtain
vormittags – in the morning
der Vorort(e) – suburb
vorsichtig – careful, cautious
der Vorteil(e) – advantage

W

wählen – to choose
der Wahlspruch(¨e) – motto, watchword
wahr – true
der Wald(¨er) – wood, forest
die Wand(¨e) – wall
wandern – to hike, ramble
die Wange(n) – cheek
wann? – when?
die Ware(n) – goods
wärmeisoliert – insulated
warten – to wait
der Wartesaal (-säle) – waiting room
warum? – why?
was? – what?
was für ? – what kind of?
die Waschanlagen (pl.) – washing facilities
*(sich) waschen – to wash
der Waschlappen(-) – face flannel
das Wasser – water
wechseln – to change (money)
* weh tun – to hurt
weichgekocht – (soft) boiled
Weihnachten – Christmas
weil – because
die Weinkönigin(nen) – wine queen
weiß – white
weit – wide, baggy
weit entfernt – far away
* weiter/gehen – to go on
welche – which
die Welle(n) – wave
die Welt(en) – world
die Weltrangliste(n) – world ranking list
wenig – little, not much
wenn – if, when
wer? – who
die Werbung – advertising
* werden – to become
die Werkstatt(¨en) – garage, workshop
der Wetterbericht(e) – weather report
wichtig – important
wie – how
wie bitte? – pardon? sorry?
wieder – again
die Wiedervereinigung – reunification
die Wiese(n) – meadow
wieviel – how much
wie viele – how many
das Willkommen – welcome
die Windschutzscheibe(n) – windscreen
* wissen – to know
der Wissenschaftler(-) – scientist
wo? – where?
die Woche(n) – week
wöchentlich – weekly
woher? – from where?
wohin? – to where?
sich wohl fühlen – to feel well
der Wohnblock(¨e) – block of flats
wohnen – to live, to stay
der Wohnort(e) – place of residence
die Wohnung(en) – flat
wolkig – cloudy
* wollen – to want (to)
der Wunsch(¨e) – wish
die Wurst(¨e) – sausage

Z

zahlen – to pay
zahlreich – numerous
der Zahn(¨e) – tooth
die Zahnarzhelferin(nen) – dental assistant (f)
die Zahnarztpraxis (-praxen) – dental practice
das Zäpfchen(-) – suppository
die Zehe(n) – toe
der Zeichentrickfilm(e) – cartoon
zeichnen – to draw
der Zeitraum(¨e) – period of time
die Zeitung(en) – newspaper
zelten – to go camping
zerstören – to destroy
der Zettel(-) – piece of paper
ziemlich – rather, quite
das Zimmer(-) – room
Zimmer frei – vacancies
der Zimmermann (-leute) – carpenter
die Zitrone(n) – lemon
zu – to; too
zu Hause – at home
zubereiten – to prepare
die Zubereitung – method
der Zucker – sugar
der Zug(¨e) – train
zuliebe – for the sake of
zurück – back
zusammen – together
die Zusammenarbeit – working with
* zusammen/hängen mit – to be related to
zusammen/legen – to put together
die Zutat(en) – ingredient
zweieinhalb – two and a half
zweistöckig – two-storey
die Zwiebel(n) – onion

Aufforderungen ■ Instructions

Beschreib ...	Describe ...
Bildet Wörter!	Make words.
Bringe die ... in die richtige Reihenfolge.	Put the ... in the correct order.
Erzähl/Erzählt ...	Describe ...
Finde/Findet ... heraus	Find ...
Fragt euch gegenseitig.	Ask each other.
Fülle ... aus.	Fill ... in.
Habt ihr das richtig gemacht?	Have you done it right?
Hinterlaß eine Mitteilung auf dem Anrufbeantworter.	Leave a message on the answering machine.
Hör zu!	Listen.
Interviewe deinen Partner bzw. deine Partnerin.	Interview your partner.
Interviewt euch gegenseitig.	Interview one another.
Kennt ihr/Kennst du ein Wort nicht? Schaut/Schau mal im Wörterbuch nach!	Is there a word you don't know? Look it up in the dictionary.
Kopiere das Formular und fülle es aus.	Copy out the form and fill it in.
Kopiere die Titel und schreib Listen.	Copy the headings and make lists.
Kreuze deine Interessen an.	Put a cross by your interests.
Lest jeder einen Text vor.	Each read out one text.
Mach eine Liste.	Make a list.
Mach eine Umfrage.	Do a survey.
Mach einen Vortrag.	Prepare a talk.
Mach Notizen und schreib sie später als Sätze auf.	Make notes and then write them up as sentences.
Nimm ... auf Kassette auf.	Record ...
Nenne/Nennt ...	Name ...
Ordnet die ... den ... zu.	Match the ... to the ...
Schreib (einen Bericht).	Write a (report).
Schreib ... auf.	Write ... down.
Schreib ihm ...	Write ... for him.
Stellt euch gegenseitig die Fragen.	Ask each other the questions.
Überlegt euch noch vier Beispiele.	Think of four more examples.
Vergleiche/Vergleicht die/eure Antworten.	Compare the/your answers.
Vervollständige den Text.	Complete the text.
Wähl ... aus	Choose ...
Was wißt ihr über ... ?	What do you know about ...?
Welcher Text gehört zu welchem Bild?	Which text goes with which picture?
Was meinst du?	What do you think?
Wie sieht es bei dir aus?	What is it like for you?
Wie heißen die Gegenstände?	What are the objects called?
Wie viele von den Bildern könnt ihr in zwei Minuten nennen?	How many of the pictures can you name in two minutes?
Zeichne ein Schaubild.	Draw a chart.

Spickzettel ▪ Cheat sheet

Ich verstehe nicht.	I don't understand.
Wie heißt das auf deutsch/englisch?	What is it in German/English?
Wie schreibt man das?	How do you write/spell it?
Wie spricht man das aus?	How do you pronounce it?
Wie bitte?	Pardon?
Das ist zu schnell.	It's too fast.
Er/Sie spricht zu schnell.	He/She speaks too fast.
Langsamer!	Slower!
Sprechen Sie bitte langsamer!	Please speak more slowly.
Noch mal!	Again!
Ich weiß es nicht.	I don't know.
Schau mal im Wörterbuch nach.	Look in the dictionary.
Ich habe keinen/keine/kein ...	I haven't got a ...
Hast du/Haben Sie einen/eine/ein ...	Have you got a ... ?
Entschuldigen Sie bitte ...	Excuse me...
Es tut mir leid.	I'm sorry.
Verzeihung!	Sorry!
Können Sie mir/uns helfen?	Can you help me/us?
Darf ich aufs Klo?	May I go to the toilet?
Bitte!	Please!
Danke!	Thank you!
Vielen Dank!	Thanks a lot!